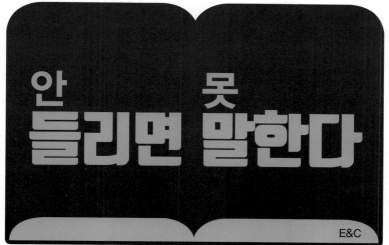

다시 시작하는 영어

안 못
틀리면 말한다

E&C

MENT⊙RS

영어말하기
안 들리면 못 말한다!

2019년 08월 19일 인쇄
2019년 08월 26일 발행

지은이	E & C
발행인	Chris Suh
발행처	**MENT◎RS**

경기도 성남시 분당구 분당로 53번길 12 313-1
TEL 031-604-0025 **FAX** 031-696-5221
www.mentors.co.kr
blog.naver.com/mentorsbook

* Play 스토어 및 App 스토어에서 '멘토스' 검색해 어플다운받기!

등록일자	2005년 7월 27일
등록번호	제 2009-000027호
I S B N	979-11-86656-82-2
가 격	15,000원(MP3 무료다운로드)

괜히 좀 억울하다. 어떤 사람들은 힘 하나 안들이고 저절로 영어를 듣고 말하게 되는데, 우리는 뒤늦게 온갖 짓을 다 해도 잘 안되니 말이다. 물론 외국어를 배운다는 게 쉬운 일이 아니지만, 그간 기울여온 노력과 투자에 비해 우리의 영어듣기 실력은 너무 제자리 걸음만 반복하고 있다. 두 가지 원인이 있다. 하나는 그 노력이라는 것이 지속적이지 못했다는 점, 또 하나는 학습방법이 잘못되었다는 점이다.

먼저, 태어나는 그 순간부터 24시간 영어를 들어온 네이티브만큼은 힘들겠지만, 당초 세웠던 계획에 따라 지속적으로 그리고 꾸준히 영어를 들어왔다고 자신있게 말할 사람은 과연 몇이나 될까… 적어도 하루 30분씩 몇 년간 아니 몇 달간이라도 꾸준히 영어듣기를 해보지도 않고 "왜 이렇게 영어는 안 들릴까?"라고 투정만 하는 건 도둑심보가 아닐까?

또 한 가지. 지금까지 지나치게 분석과 논리에 치우친 영어듣기 학습을 해왔다는 데서 원인을 찾을 수 있다. 효율적인 학습을 위해서는 이론화·규칙화가 불가피하지만, 이화작용이니, 동화작용이니하는 말들이 영어 듣기에 얼마나 실질적인 도움이 되겠는가 말이다. 공을 찰 때 허벅지와 다리에 힘을 줘야겠다고 의식하면서 차는 사람은 거의 없다. 공을 차다보니 자연적으로 허벅지와 다리에 힘이 들어가는 것이다. 영어도 마찬가지이다. 너무 깊이 들어가지 말자. 실제 말하고 들을 때 기억나지도 않는 그런 규칙들의 노예가 되지 말자. 최소한의 규칙이면 족하다. 그것들을 기반으로 「영어가 쓰이는 현상」들에 익숙해져야 한다.

이책 〈영어말하기: 안 들리면 못 말한다!〉는 이런 문제점들을 극복하기 위해 다음과 같이 꾸며졌다.

첫번째 문제점 극복: "단기간에 영어발음의 규칙을 섭렵하여 지속적인 영어듣기를 가능케 한다."
51가지 리스닝 규칙에 발음규칙부터 실생활 영어 듣기 훈련까지 모두 담았다. 강사 선생님의 친절하고 명쾌한 강의를 듣기만 해도, 영어 발음 현상들을 쉽고 재미나게 익힐 수 있다.

두번째 문제점 극복: "영어발음의 원리보다는 현상들에 주목한다."
지나친 규칙화와 이론화는 지양하고 실제 영어가 어떻게 들리고 어떻게 말해야 하는가에 초점을 맞춰 정리하였기 때문에 직접 말하고 듣는 능력이 일취월장될 것이다.

뭐든지 미쳐야 잘 할 수 있다. 매일 30분씩 일단 6개월 간만이라도 영어듣기에 매진해보자. 누가 보면 실성한 사람처럼, 전철에서든 거리에서든 시간·장소를 불문하고 원어식 발음을 소리내면서 다녀보자. 듣고 또 계속해서 듣고 집에서는 큰소리로 영어회화 문장을 목놓아 외쳐보자.

이젠 원어민과 대화를 주고 받는 「쌍방향 영어회화」가 요구되는 시대이다. 네이티브의 말을 잘 알아듣고 또 스스로 잘 말해야 생존할 수 있는 시대이다. 실제 영어를 말하고 듣는 능력이 어느 때보다도 중요해진 요즘, 영어말하기 리스닝을 표방한 이책이 여러분의 듣기능력을 단기간에 향상시켜, 언제 어디서나 네이티브의 말들이 여러분의 귀에 팍팍 꽂힐 수 있게 되기를 바란다.

안 들리면 못 말한다!의 특징 및 구성

| 개별음듣기 | ➡ | 인칭대명사듣기 | ➡ | 혼란어/생략어듣기 | ➡ | 실생활응용듣기 |

"「리스닝 가이드」부터 발음연습, 인칭대명사를 포함하는 주어부 듣기, 년 월일, 돈, 그리고 이름 등 실생활 영어회화에 꼭 필요한 총 51개의 리스닝 공식에 대한 명쾌한 강의를 통해 훈련하며 궁극적인 목표인 네이티브들과 자유자재 의사소통을 꾀한다"

리스닝 가이드 20
본격적인 리스닝 학습에 들어가기 전에 워밍업으로 리스닝 학습 시의 자세 및 요령을 재미난 삽화와 함께 기술하였다.

개별발음듣기
/t/, /d/, 약모음, 연음현상 등 꼭 영어발음을 잘 듣고 말할 때 필요한 발음규칙들만을 정리했다.

인칭대명사와 조동사 듣기
문장의 시작부분을 잘 듣는 건 영어회화의 관건이다. 특히 인칭 대명사와 be, have, do 등의 조동사는 한데 어우러져 무척 빨리 발음되기 때문에 듣기가 쉽지 않다. 여기서는 회화청취력에 자신감을 갖도록 가장 많이 쓰이는 「인칭대명사+조동사」의 발음이 어떻게 들리는지 정리 기억해둔다.

혼란어/생략어 듣기
또한 발음이 비슷하여(bought : boat) 착각을 일으키거나, 발음이 생략되는 경우(whaddya doin'?)가 많아 어리둥절하기도 하는데 이런 혼란어와 생략어를 집중적으로 모아 고감도 실전훈련을 한다.

실생활응용듣기
일상에서 자주 나오는 소재이지만 우리가 아직 정확히 듣고 말하기가 서툰 년월일, 돈, 스포츠 경기결과, 영화, 국가명 등을 원음으로 듣고 말하는 훈련을 해본다.

네이티브와 듣고 말하기
개별연습부터 실전응용까지 영어의 모든 리스닝 분야를 섭렵함으로써 Native Speaker와의 자유로운 의사소통이라는 리스닝의 궁극적 목표를 달성한다.

안 들리면 못 말한다!의 이용방법

먼저 강사 선생님의 강의를 듣는다.
선생님이 왜 그렇게 발음 되는지
명쾌하게 상세하게 강의한다.

**다시 한번 듣고
따라해 본다.**
앞서 들은 강의
내용을 떠올리며
원어민의 발음을
듣고 따라해 본다.

귀로 직접 확인한다.
학습할 발음이 어구,
문장 및 대화 속에서
어떻게 들리나 귀로
직접 확인한다.

먼저 　귀로 직접 확인해보며 의아해한다

A 단어 혹은 구를 들으면서 학습할 발음이 어떻게 발음되는지 확인한다.

B 문장 속에서 다른 단어들과 섞여 있을 때는 어떻게 들리나 캐취해본다.

C 이번에는 실전대화에서 어떻게 얼마나 들리는지를 체험해본다.

다음 　강사 선생님의 강의를 들으며 "아하"를 외친다

A 사전식 발음과 실제발음은 왜 이렇게 다른지 그 이유와 배경을 설명한다.

B 경우에 따라 분류한 구체적인 실례들을 듣고 직접 따라하면서 실전감각을
익힌다.

C 이제 실제 듣고 말할 때 어떻게 들어야하고 어떻게 발음해야 하는지
깨닫는다.

다시 　잘 듣고 받아 적어보기를 하면서 확인복습한다.

A 중간중간에 학습한 내용을 다시 한번 확인하며 기억을 다진다.

B 이제 머리 속에 확실히 저장되어 있기 때문에

C 실제로 말하고 듣는 순간에도 머리 속에서 꺼내 활용할 수 있다.

Contents

Pre_CHAPTER

리스닝 가이드 20

01 MP3플레이어를 잘 이용하자

"리스닝의 핵심은 반복이다"

예전에는 어학전문 플레이어를 찍찍이라고 한 적이 있다. 플레이 상태에서 바로 뒤로 가기를 눌러 기계한테는 강제적이지만 학습자 입장에서는 자의적으로 원하는 부분을 원하는 만큼 반복해서 들을 수가 있었다. 스마트폰이 독식한 요즘 시대에서는 똑똑한 MP3 오디오 플레이어를 선택하여서 반복학습을 해야 한다. 구간반복 기능이 있는 MP3 오디오 플레이어라면 예전 찍찍이만큼 효과적으로 리스닝 학습을 효율적으로 할 수 있기 때문이다. 예로 든다면 Mentors어플에서 MP3를 들으려면 뜨는 오디오 플레이어는 구간반복과 속도조절이 가능하여 바로 듣기를 하면서 반복학습을 할 수 있다. 물론 다운로드해서 듣는다면 자기에 맞는 플레이어, 하지만 반드시 구간반복이 되는 오디오 플레이어 프로그램을 쓰기를 강추한다.

02 하루도 빠짐없이 매일 듣고 본다

"매일 리스닝으로 영어리스닝의 벽을 뛰어 넘어라"

영어도 운동과 매한가지여서 조금씩이라도 매일 꾸준히 하지 않으면 말짱 도루묵이다. 원어민native speaker들이 영어를 잘 하는 것도, 우리가 우리말을 잘 하는 것도, 따지고 보면 무슨 탁월한 능력이 있어서가 아니라 태어날 때부터 하루도 빠짐없이 모국어 mother tongue를 듣고 지내기 때문이다. 다시 말해 하루종일 리스닝을 했기 때문에 사람들은 자신들의 모국어를 자유자재로 쓰는 것이다. 이제 우리말을 자유자재(?)로 쓰는 지금, 다시 그런 뛰어난(?) 환경 속에서 외국어인 영어를 배울 기회는 없지만 가장 유사한 환경을 인위적으로 만들어 답답한 영어 리스닝의 벽을 뛰어 넘어야 한다. 그래서 영어를 어느 정도 하는 사람이 되고 싶다면 작심삼일의 강렬한 유혹을 물리치고, 잠을 자더라도 밥을 먹더라도 그리고 심지어 뽀뽀(?)를 하더라도 영어를 듣는 프로근성을 발휘해야 한다.

03 Listening Guide
죽어라 죽어라 dictation을 하라

"매일 30일분씩 6개월만 투자하라!"

리스닝에는 받아쓰기dictation가 최고! 그렇다고 dictation을 안하면 듣기 도사가 될 수 없다는 말은 아니다. 하지만 귀에만 의존하고 들었던 몽롱한 내용들을 종이에 받아 적어봄으로써 영어 듣기의 집중력을 강화시킬 수 있기 때문에 dictation은 영어 듣기의 필수코스가 되는 것이다.

- script가 있는 교재를 준비해서 받아적기 연습을 되풀이하라!
- 하루도 빠짐없이 매일 30분 이상을 오로지 귀로 듣는 데 투자하라!
- 이렇게 무식하게 6개월간 밀어붙여라!

처음에는 거의 들리지 않기 때문에 실망도 많이 하겠지만 반복 연습에 당할 장사없다고, 계속 듣다보면 들리는 단어가 점점 많아지고 그렇게 빠르던 그네들의 말이 점점 느려지기 시작할 것이다. 처음에는 빈곳 투성이라 참담한 심정을 안겨주었던 백지가, 점점 시커멓게 먹지(?)로 변해가는 것을 보면 재미도 나고 자신감도 생길 것이다. 이제 우리들 마음 속에 "안 받아쓰면 죽는다"라고 표어를 새겨 놓도록 한다.

THAT'S THE WAY !

04 안 들려도 무조건 듣자

> **"365일 매일 듣기연습한 Native처럼 다 들을 수는 없다!"**

앞서 2번, 3번에서 말한 바와 같이 영어를 잘하려면 마치 어린이가 모국어를 배울 때처럼 매일 영어를 듣고 또 매일 dictation를 해야 한다. 하지만 이 과정에서 좌절하고 포기하게 되는 가장 이유는 "안들린다"는 것이다. 굳을 대로 굳어버린 머리로 1~20년 이상 매일 24시간 듣기연습(?)한 Native처럼 들을 수는 없을 것이다. 다만 그네들도 어린아이였을 때는 100% 다 들리지 않았다는 사실에서 위안을 삼자. 영어 청취 능력면에서는 유아기라고 해도 지나치지 않을, 또한 듣는 절대량도 부족한 시점에서 다 안들리는 게 오히려 정상인 것이다. 안 들리는 게 자랑은 아니지만, 그렇다고 창피해 할 것도 없고 더구나 쉽게 포기해서는 안된다. 떳떳하게 인정할 건 인정하자. 당장 창피하다는 생각만 버리고 열심히 듣다보면 귀에 들리는 단어들이 하나 둘씩 늘어날테고 일취월장하는 청취실력을 자랑스럽게 만방에 고할 날이 반드시 올 것이다.

05 다 듣겠다는 욕심은 버리자!

"핵심어만 들어도 원어민과 대화가 가능하다"

이번에는 원어민과 회화 시의 리스닝에 관한 이야기이다. 잘 안 들리고, 잘 안 나오는 영어로 원어민과 대화를 한다는 것은 여간 고통스러운 일이 아니다. reading은 좀 되니까 매번 종이에 써 달라고 할 수도 없는 노릇이고 그렇다고 다 못들었다고 원어민이 무슨 찍찍이이라도 되는 양 매번 다시 말해달라고 할 수도 없지 않은가? 그렇다고 완벽히 다 들을 수 있을 때까지는 가장 좋은 영어학습장인 「원어민과의 대화」를 거부할 수만도 없지 않은가? 한 문장을 구성하려면 여러 품사의 단어들이 필요하지만 의사전달의 관점에서 보면 핵심어 몇 개만 들어도 의미파악이 가능하다. 예를 들어 Could you tell me where I can take a bus?라고 원어민이 말했을 때 핵심어 tell, where, bus만 들려도 상대방이 무얼 말하는지 대강 파악할 수 있다는 얘기이다. 부질없는 완벽주의는 버리고 Native와 치명적인 갈등 혹은 분쟁(?)을 일으키지 않을 정도의 듣기 실력이라면, 또한 '바디 랭귀지'를 통해 얼추 비슷하게 말이 통한다면 다 듣지 못했다는 죄의식일랑 던져버리고 게걸스럽게 대화의 양을 늘려가자.

06 못 듣고도 아는 척하지 말자!

"모르면서 아는 척하면 그 대화는 오래 못가"

그렇다고 들리지 않는 단어가 태반이어서, 원어민이 무슨 말을 했는지도 모르는 데 그냥 넘어가라는 말은 아니다. 원인이 미안함이든 창피함이든 원어민의 말을 이해하지 못했으면서 알아들은 척하면 그 순간을 넘길 수 있을진 모르지만 들통 나는 건 시간 문제. What do you do for a living?(직업이 뭐예요?)이란 질문에 what과 do만 듣고서는 천연덕스럽게 I'm going home(집에 가는 중이에요)이라고 동문서답을 일삼는 사람과 이야기를 계속하고 싶어하는 사람은 없을 것이다. 이 사람이 내 말을 알아들으면서 이러는지 못 알아듣고 그러는지 도무지 신뢰할 수 없기 때문이다. 모국어가 아닌 이상 좀 못 듣는다고 절대 흉이 되지 않는다. 원어민이 말할 때마다 모두 다시 말해달라고 하면 문제겠지만, 그게 아니라면 못 알아들었을 때는 못 알아들었다고 솔직하게 말할 수 있는 떳떳함을 키우자.

왜 듣지도 않고 안 되는 영작만 해!

"상대방 말도 안 듣고 내 할 말만 찾으면 그게 무슨 대화?"

이젠 영어가 어느 정도 들리지만 아직 회화에 서투른 사람에게서 빈번히 나타나는 현상이다. 6번에서는 들으려고 해도 들리지 않아 본의 아니게 위선(?)을 저지른 것이지만, 이번에는 어느 정도 들을 수 있는데도 불구하고 자기 할 말 찾느라 제대로 듣지 않는 의도적인 위선(?)인 셈이다. 상대방의 말을 제대로 듣지 않는 버릇을 말하는 것으로, 상대방의 얘기에 관심이 없어서라기 보다 상대가 말을 마치기 전에 자기가 할 말을 영작하는 데 급급해서 제대로 듣지 못하는 것이다. 이렇게 되면 서로 다른 얘기를 하게 되고 그럼 대화가 계속 이어질 리는 만무하다. 원어민과의 실제 대화는 말하기 뿐만 아니라 듣기에도 좋은 공부가 되는 최고의 학습장이다. 물론 말을 주고 받아야 대화가 되는 것이지만, 우리가 영어를 모국어로 쓰지 않는 이상 원어민도 완벽한 영어를 기대하지는 않는다. 말이 좀 버벅거리고 머리 속에서 영작하는 시간이 좀 걸리더라도 일단 원어민의 말을 정확히 이해하고 난 다음에 내 얘기를 하는 게 '원어민과 대화의 장'을 지속적으로 이어갈 수 있는 지름길이다.

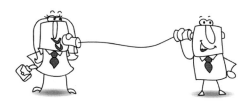

08 우린 뭐 연음현상 없나요?

「가만있어」라는 텍스트의 실제 발음은 /가마니써/이다

뉴욕에서 '맨하튼'Manhattan이라고 또박또박 말하면 절대로 '의사'가 '소통'되지 않는다. 영어의 단어나 문장은 강세나 억양 또는 연음현상 등에 의해 보는 것과는 다르게 발음되는 경우가 많기 때문이다. 우리가 이책을 통해 영어의 발음규칙들을 이해하고 습득하려는 것도, 눈으로만 알고 있는 단어들이 실제로는 어떻게 발음나는지 학습하기 위함이다. 모든 글자를 평등하게 여겨 '맨하튼'이라고 말하는 것은, 아직도 영어를 살아있는 언어가 아니라 강의실의 한 과목으로 학습해왔다는 반증이다. 딱 맞는 경우는 아니지만, 우리말에서도 '가만 있어'라는 말을 실제 발음해보면 '가마니써'가 된다. 영어 뿐만 아니라 우리말도 다 살아있는 언어이기 때문에 글자로 표기하는 것과 실제 발음하는 데는 차이가 있을 수밖에 없다. 물론 이런 부분이 영어듣기·말하기의 난적이 되는 것은 사실이지만 눈에 보이는 것처럼 발음되지 않는다고 짜증만 낼 일이 아니라, 살아있는 언어를 배운다는 인식 하에 실제발음에 대한 거부감을 버리고 변화무쌍한 발음의 변신에 익숙해지도록 한다.

09 소소익선(少少益善) – 발음규칙은 엑기스만

"발음규칙은 少少益善, 실전 연습은 多多益善"

하지만 그렇다고 영어의 모든 발음현상들을 모두 규칙화해서 습득할 수는 없는 노릇이다. 세상 일이라는 게 대개 많을수록 좋은 것은 사실이지만, 영어의 발음규칙만큼은 소소익선(?), 즉 적을수록 좋다는 말씀이다. 언어는 학문의 대상이라기 보다 살아있는 유기체이기 때문에, 이론적으로 접근하여 많은 양의 규칙을 만드는 것보다는 「현재 영어」를 듣고 말하는 데 꼭 필요한 최소한의 법칙들만 몸에 익히는 게 최선이다. 파열음이니 유성음화니, 설측음 등과 같은 어려운 용어와 공식의 늪에 빠져들어본들 실제 듣기능력의 향상에는 그리 큰 성과가 없을 거라는 얘기이다. 그런 용어와 공식들 속에서 허우적거릴 시간이 있다면 그 시간에 외국인과 직접 한마디라도 더 나눠보는 것이 낫다. 얼마나 많이 듣고 말해봤느냐에 따라 청취 능력이 판가름나기 때문이다. 엑기스가 되는 발음규칙만을 뽑아 이를 바탕으로 원어민과의 실전연습을 다다익선으로 하는 게 최고의 미덕이다.

10 listening 어휘에 강해져야 잘 듣고 잘 말할 수 있어

"some of the는 /서머더/로 발음할 수 있어야"

이렇게 해서 배운 발음규칙을 소스로 해서 실제 회화에서 많이 쓰이는 단어나 숙어 그리고 종종 문장 전체가 어떻게 발음되는지 귀로 그리고 입으로 익혀야 한다. 눈으로는 잘 알고 있는 단어도 귀로 듣고 입으로 말할 때 이해하지 못한다면 그건 아는 단어라고 할 수 없다. 회화는 눈이 아니라 입과 귀로 하는 것이기 때문이다. 다시 말해 시험 시간에 통하는 어휘력이 아니라 실전에서 통하는 리스닝 어휘가 약하다는 말씀. 예를 들어 some of the를 [섬오브더]라고 읽고 말하는 사람은 연음현상을 적용해 발음되는 [서머더]를 이해하지 못할 수도 있다. 「어휘의 리스닝화」에 소홀히 했던 결과이다. 이를 탈피하기 위해서는 영한 사전 속 발음기호만 맹신하지 말고 듣고 말하기에도 통할 수 있도록 「어휘의 리스닝화」에 시간 투자를 아끼지 않아야 한다. 자신이 알고 있는 영단어들을 원어민들의 실제발음을 통해 「무채색의 사전(辭典)」으로부터 「유채색의 생동감있는 현실」로 끌어내야만 한다.

11 목놓아 외쳐라, 그럼 네 것이 되리라

"크게 소리내어 읽어보는 것이 최고의 영어 학습법!"

언어의 가장 기본 요소는 말하고 듣는 것, 즉 「청각적 요소」이다. 읽고 쓰는 것은 그 다음 단계의 문제. 따라서 영문을 눈으로만 얌전히 읽어가기 보다는 실제 발음규칙에 의거해 "크게 소리내어 읽어 보는 것"이야 말로 최고의 영어학습법이다. 그 옛날 선생님과 반 친구들 앞에서 국어책을 소리내어 읽었던 초등학교 국어시간을 떠올리면서, 큰 소리로 영어를 읽어보자. 단순히 책을 읽고 있다는 생각을 버리고, '난 헐리웃 배우'라고 가정하고 원어민 발음을 상상하면서 실감나게 흉내내보도록 한다. 영어에 노출되는 시간에 비례해 우리의 입과 귀가 영어에 익숙해진다. 목놓아 외쳐라, 그러면 영어학습의 효율성을 극대화시킬 수 있다.

12

Listening Guide

말을 해야 더 잘 들린다

"말하기와 듣기는 병행해야"

말하려면 먼저 들어야 한다는 얘기가 있다. 틀린 말은 아니다. 그렇다고 듣기listening에만 평생을 다 바칠 수는 없는 노릇 아닌가. 궁극적 목표는 「말하기」speaking인데 다 들리지 않는다고 「듣기」에만 시간을 쏟아부으며 다 알아들을 수 있는 '그 날'만을 손꼽아 기다리는 것만큼 무모한 짓은 없을 것이다. 「말하기」와 「듣기」는 동전의 앞뒤면 같아서 서로 보완하며 병행해야 한다. 들어야 말을 할 수 있지만, 반대로 자기 입으로 직접 소리내본 말이 더 잘 들리기 때문이다. 순수한 듣기연습도 중요하지만 입에 '버러'를 바르고 영어를 마구마구 쏟아내보자. 들어보고 말해보고 그러다 보면 소리 영어 실력에 가속도가 붙게 될 것이다.

13 Listening Guide
너 자신을 알라 – 자기 발음 녹음해서 들어보기

"아이 보트 어 보트?"

그런데 혼자 말하기 연습을 하다보면 자기가 한 발음이 제대로 된 것인지 아닌지 스스로 확인하기가 어렵다는 문제점이 있다. 영어발음규칙을 적용해 원어민처럼 발음한다고 해보지만, 자신의 영어발음이 옳은지 그른지 바로바로 평가하기란 힘든 일이기 때문이다. 진부하지만 「지피지기면 백전백승」이라고 했다. 자기 발음이 원어민과 유사한 건지 아니면 고지식한 텍스트형 혹은 일본식(?) 발음인지 파악할 수 있는 가장 좋은 방법은 자신의 발음을 녹음해서 다시 들어보는 것이다. I won't와 I want를 똑같이 발음하고 있는 건 아닌지, I bought a boat에서 bought와 boat를 구분하지 못하고 발음하진 않는지 등을 분석해볼 수 있다. 스스로의 발음을 반추하면서 객관화시켜 부족한 부분을 체계적으로 보완해나갈 수 있다는 말이다. 연습 그 자체는 무식하게 해야 되겠지만 어떤 연습을 어떻게 해야 할지는 머리를 써야 한다.

14 때와 장소를 가리지 않고 발음연습을 한다

"걸어다니면서도 영어를 중얼거려라"

항상 공부 못하는 사람이 책 타령, 학원 타령 그리고 환경 타령이다. 알아야겠다는 「호기심」과 배워야겠다는 「의지」만 있으면 다른건 다 변명을 위한 변명에 지나지 않는다. 영어에서도 마찬가지이다. 더구나 이론적인 학문이 아니라 실생활에 필요한 살아있는 영어를 익히려면 교실 책상에서 하는 여타 공부와 더더욱 차별화하여야 한다. 다시 말해 '사람들과 말하고 듣기 위한 도구'라는 언어의 특성상 영어는 언제 어디서든 항상 몸에 붙이고 다니면서 기동성있게 훈련해야 한다는 것이다. 가장 활용하기 좋은 장소 중의 하나가 바로 「거리」와 「전철」이다. 영양가 하나 없이 멍하니 시간 죽이지 말고 한발한발 디딜 때마다 영어 단어와 문장 등을 원어민처럼 흉내내며 그 리듬에 익숙해지도록 한다. 물론 장소가 장소인 만큼 너무 큰소리로 연습했다가는 공공의 적(?)으로 몰릴 가능성도 있으니 여건에 따라 수시로 볼륨 조절은 기본이다. 이제 "공부할 시간이 없어서…," "공부할 여건이 안되다보니…"라는 구차한 변명은 언제나 그렇듯 loser의 몫이 될 뿐이다.

15 입에 버러(?)를 잔뜩 바르자!

"틀리면 어때, 뻔뻔해져라"

우리가 영어에서만큼은 귀머거리 그리고 벙어리 신세를 면치 못하는 큰 이유 중 하나는 부끄러움에서 시발(始發)한 「알량한 자존심」때문이다.

원어민들 사이에서라면 그나마 괜찮다. 그중에 우리나라 사람이라도 한두 명 끼어있으면 그렇지 않아도 쉬이 열리지 않는 입이 더욱 안 떨어지는 경우가 많다. 저 친구가 내 영어 표현을 흉보지나 않을까, 내가 발음을 굴리면 유난 떤다고 비웃진 않을까 등등 특유의 자의식 덩어리가 고개를 들고 일어나 혀와 입이 그대로 얼어붙는다. 하지만 앞서 말했듯 모국어가 아닌 외국어를 완벽하게 구사한다는 것은 그리 쉬운 일이 아니다. 최소한의 의사소통만 이루어진다면 엉성한 발음, 틀린 표현 등은 오히려 영어 듣기·말하기 발전의 원동력이 된다. 더 이상 골방 구석에 쭈그리고 앉아서 「영어 독해의 초강자」라고 외로이 외쳐대지 말고, 얼굴에 철가면을 쓰고 남이 뭐라든 입에 'butter'를 잔뜩 쳐바르자. 구경거리가 좀 된들 어떠하랴!

16 원어민은 우릴 잡아먹지 않는다 – 침묵은 금이 아니다

"영어에서 침묵은 독이다"

다시 한번 말하지만 원어민과의 대화는 듣기와 말하기 실력을 향상시키는 데 굉장히 도움이 된다. 요즘엔 학교나 학원, 어학연수 등을 통해 원어민과 대화를 나눌 기회가 많으니 원어민들이 실제로 쓰는「生生 영어」를 접할 수 있는 기회가 널려있는 셈이다. 하지만 한 단어도 놓치지 않고 다 들으려는 욕망과 완벽한 문장을 구사하고자 하는 희망은 현실과 거리가 멀어 외국인과 마주서면 두려움에 그만 입을 닫아버리고 만다. 그래서 인사 몇 마디 하고 나면 바로 "침묵은 금이다"Silence is golden라는 격언으로 스스로를 위로하지만, 영어 듣기와 말하기에서 가장 큰 맹독은 바로「침묵」이다. "당신은 원어민, 나는 외국인, 내가 좀 못 듣고, 말을 좀 못한들 어떠하리!"라는 편안한 마음으로 다가서라. 원어민이 귀찮아할 정도로 말을 많이 시켜 hearing 연습과 speaking 연습을 동시다발로 해야 한다는 이야기이다.

17

자주 들리는 표현은
통째로 익혀두어야

> **"like보다는 Would you like to~?를 통째로 외워라"**

영어듣기와 말하기에 강해지려면 단순히 단어실력만으론 부족하다. 회화에서는 특정 단어들이 몰려다니면서 함께 쓰이는 경우가 많기 때문에, 늘 붙어다니는 단어들의 구(句)나 문장들을 통째로 암기해두어야 한다. 예를 들어 right만 달랑 외우는 것보다는 Is it all right to ~?를, like만 외우기보다는 I'd like to ~?, Would you like to ~? 등「빈출 회화구문」을 통째로 듣고 말하는 연습을 해야 한다는 것이다. 이렇게 할 경우 듣기면에서 두 가지 이점이 있다. 우선, 이미 머리 속에 암기된 표현은 익숙해져 있어 어렵지 않게 듣고 말할 수 있다는 것이고 또 다른 하나는 이런 익숙함에 따른 심리적 안정감을 얻을 수 있다는 것이다. 즉, 원어민과의 대화시 두려움 때문에 발생하는 몽롱한(?) 기분에서 벗어나 원어민의 속사포 같은 말들이 점점 귀에 들어와 꽂힌다는 것이다. 영어듣기와 말하기의 효율성이 두 배로 커지는 길이다.

18 세상살이에 익숙해져야

"주구장창 안부나 날씨 얘기만 할 수는 없다"

우리나라 사람들끼리 우리말로 대화할 때도 「세상 돌아가는 이야기」를 모르면, 대화에 낄 수가 없다. 이것은 영어회화에서도 마찬가지이다. 영어회화의 기본이 되는 표현들을 익히는 것도 시급한 일이지만, 이를 도구로 지속적으로 대화를 풀어나가려면 현시점의 정치, 경제, 사회, 문화 등의 이슈에 문을 열어놔야 한다. 언제까지나 '안부'나 묻고 인사 냄새 물씬 풍기는 '날씨' 얘기만 할 수는 없는 노릇 아닌가? 월드컵 때는 축구 이야기를, 유가 인상 시에는 기름 이야기를, 테러 발생 시에는 테러에 관한 이야기를 할 수 있어야 한다는 것이다. 국내외 시사지나 일간지, 그리고 인터넷 등을 통해 최근 주변 사정에 대한 상식을 풍부히 하고 이에 익숙해지면 원어민과 대화시 듣고 말하는 것이 샤브샤브처럼 한결 부드러워질 것이다.

19 죽음(?)을 피할 수 있는 표현들을 알아두어야

"다시한번 말해달라는 표현은 영어회화의 비상식량이다"

지금은 오랜된 이야기가 되어 버렸지만, 미국 강도가 "Freeze!" (꼼짝마!)라고 외친 것을 제대로 알아듣지 못한 어느 일본 유학생이 짧은 영어 탓에 되물어보지도 못하고 fridge(냉장고)를 향해 돌진하다 그만 목숨을 잃은 일이 있었다. 물론 이처럼 생사가 걸린 극단적인 경우는 아닐지라도, 원어민과 대화시에는 청취력 부족으로 오해와 갈등이 발생할 여지가 무척이나 많다. 못 들은 부분은 그리고 그것이 중요한 부분이라면 반드시 다시 말해달라고 할 수 있는 용기가 필요하다. 그래서 영어회화 시에는 그 어떤 표현보다도 「다시 한번 말해달」는 내용인 "Say once again please," "I am sorry?," "I beg your pardon?," "Come again?," "Would you speak more slowly, please?" 등의 표현들을 비상식량처럼 꼭꼭 챙겨두어야 한다.

20 너 하나면 돼! –
발음실력의 핵을 만들자!

"쓸 만한 책 한 놈[권]만 골라 기본을 단단히 하라"

이 책 저 책, 이 학원 저 학원 순례하는 사람들의 특징은, 들인 공에 비해 실질적인 효과를 보지 못한다는 점이다. 원론적인 규칙들만 소개하는 교재보다는 실사구시에 근거한 실용도 높은 교재를 딱 한 권만 골라(멘토스 책과 같은 ^^;;;) 뼈에 사무치도록 학습하는 게, 그래서 자기 실력의 핵을 만드는 게 가장 중요하다. 마치 커다란 눈사람을 만들기 전에 제일 먼저 조그만 눈뭉치를 단단하게 만드는 것처럼 말이다. 일단 단단한 눈뭉치를 만들고 나면, 크게 힘을 들이지 않아도 그 눈뭉치를 굴리기만 하면 눈덩이가 커지듯 핵심이 잘 정리된 책을 한 권 독파한 다음 여러 책을 두루두루 보면 여러분의 실력 또한 전문성과 다양성을 고루 갖추게 될 것이다.

CHAPTER **1**

영어 발음사전에 '지조'란 없다

1 /d/, /r/로 들리는 변절자 /t/

/t/가 우리말 [ㄷ] 혹은 [ㄹ]처럼 들린다구요?

그 이유는 [t]를 둘러싸고 있는 모음 때문입니다. [t]는 원래 성대를 울리지 않고 [ㅌ]라고 소리내는 무성음이지만, 두 모음의 사이에 끼거나 유성음 /r/과 모음 사이 혹은 모음과 유성음 /l/ 사이에 끼면 얘기는 달라집니다. 원래의 자기 음가인 [t] 소리를 내지 못하고 주변 발음의 영향을 받아 유성음 즉, /d/나 /r/처럼 발음하게 되는거죠.

▶ 강세모음 + [t] + 약모음 ⇒ [ㄷ]나 [ㄹ]처럼 발음

letter	beauty	bottom	better
elevator	computer	meeting	

▶ /r/ + [t] + /i/ ⇒ [ㄹ]처럼 발음

party	dirty	forty	starting
sorting	thirty	article	supporting

▶ 강세모음 + [t] + /l/ ⇒ [ㄹ]처럼 발음

title	settle	Beatles	Seattle
bottle	little	total	cattle

slow – normal – fast의 속도로 3번 녹음되어 있습니다.

☐ know better than   ☐ be a little late for

☐ come to the party   ☐ play computer games

☐ attend the meeting   ☐ won the lottery

☐ be getting married   ☐ doesn't matter

☐ be chatting on the Internet

☐ The meeting will be starting in less than five minutes.
회의는 5분내로 시작될 것이다.

☐ Do you think things are getting better?
상황이 점점 좋아지는 것 같니?

☐ Please come to John's farewell party this Friday.
이번 주 금요일에 존의 송별회에 오세요.

☐ What should I do with the 10 grand that I won in the lottery?
복권 당첨금 만 달러를 어떻게 해야 할까?

A: We're having a party for Sam. Hope you can make it.

B: Is it his birthday already?

A: 샘에게 파티를 열어주려고 해. 너도 올 수 있었으면 좋겠다.
B: 벌써 걔 생일이 됐니?

A: What's the restaurant like?

B: It's not bad, but it's a little expensive.

A: 그 식당은 어때?
B: 나쁘진 않은데, 값이 약간 비싸.

A: What's your schedule like after this meeting?

B: Pretty busy. It's been great talking to you, but I have to go.

A: No problem. We'll hook up tomorrow for lunch if you have time.

B: I'll call you.

A: 이 회의 후 일정이 어떻게 되세요?
B: 무척 바빠요. 얘기 즐거웠어요. 근데 가봐야겠네요.
A: 그러세요. 시간이 되면 내일 전화해서 점심이나 하시죠.
B: 제가 전화드릴게요.

조금 느린 속도로 녹음되어 있습니다.

01

02

03

04

05

06

07

08

09

10

ANSWERS | 01 the bottom line
02 plan a surprise birthday party
03 be getting ready for
04 be pretty dirty
05 be putting an end to this

06 You'd better not go
07 move to Seattle
08 better than me
09 be so exciting
10 get a meeting at three

2 변절자 /t/는 /n/, /tʃ/로도 들려

그럼 [은/ㄴ]·[을]·[츄]로도 들리는 /t/는 뭐죠?

앞서 살펴봤듯 [t]는 주변음의 눈치를 많이 살피는 소리입니다. 모음이나 유성음 외에, 발음시 혀의 위치가 유사한 /n/사운드 앞에서도 꼼짝을 못한답니다. 그래서 /n/과 모음 사이에선 앞의 /n/에 물들어 우리말 /ㄴ/처럼 소리나고, certain처럼 단어 끝소리가 /n/인 경우에는 콧소리가 되어 [튼]이 아니라 [은]이 되죠. 한편 모음과 −ly 사이에서는 [틀리]가 아니라 [을리]가 되고, /r/발음 앞에서는 [츄]로 변질되는 나약한 발음이 바로 [t]입니다.

▶ /n/ + [t] + 약모음 = [ㄴ]

interview	center	international	Internet
twenty	dentist	advantage	identify

▶ [t] + /l/ = [을]

exactly	directly	absolutely	fortunately

▶ [t] + /n/ = [은]

cotton	written	certain	Manhattan
gotten	button	fountain	mountain

▶ [t] + /r/ = [츄]

tree	central	train	strange
true	traditional	country	street
traffic	travel	trouble	try

slow – normal – fast의 속도로 3번 녹음되어 있습니다.

- ☐ might be true
- ☐ That's exactly what
- ☐ be certainly a hard worker
- ☐ go mountain climbing
- ☐ cut the tree down
- ☐ found it on the Internet
- ☐ have got a job interview

- ☐ Janet does not know exactly which field to major in.
  재닛은 정확히 어떤 분야를 전공해야 할지 모르고 있어.

- ☐ Have you ever purchased anything over the Internet?
  이제껏 인터넷으로 뭔가를 구매해본 적 있니?

- ☐ I heard he has an interview this morning.
  그 친구 오늘 아침에 면접이 있다던데.

- ☐ I absolutely agree with you.
  전적으로 동감이야.

A: I wouldn't surf the Internet during business hours if I were you.

B: Why? How are they going to find out?

A: 나라면 근무시간에는 인터넷을 하지 않겠어.
B: 왜? 사람들이 어떻게 알겠어?

A: How can I help you, ma'am?

B: May I see a menu, please?

A: Certainly, here you go.

A: 어떻게 도와드릴까요, 손님?
B: 메뉴판 좀 보여주시겠어요?
A: 네, 여기 있습니다.

A: You have all my sympathy.

B: I can't believe they fired me for something I didn't do.

A: I'm sure once they find out the truth, they'll call you back.

B: I certainly hope so.

A: 진심으로 유감의 말씀을 드려야겠군요.
B: 제가 하지도 않은 일로 회사가 저를 해고하다니 믿을 수 없어요.
A: 회사에서 진실을 알아내기만 한다면 당신을 다시 부를 거라고 확신합니다.
B: 정말 그랬으면 좋겠네요.

LISTENING & REPEAT · D 잘 듣고 받아 적어보기

조금 느린 속도로 녹음되어 있습니다.

01

02

03

04

05

06

07

08

09

10

ANSWERS

01 I'm sorry to trouble you,
02 report directly to our boss
03 tried to touch my ass
04 stop at the next service center
05 during business travel

06 be stuck with traffic
07 look it up on the Internet
08 live in the country
09 take the train
10 run into a crowed street

3 리스닝 공식 특강
/r/, /dʒ/로 들리는 /d/도 변절자

/d/는 [ㄹ], [쥬]로 변신

유성음이냐 무성음이냐, 즉 성대의 울림여부만 다를 뿐 [d]도 주변음에 따라 소리가 변한다는 점에서는 /t/와 닮은꼴입니다. 다만 그 자체가 유성음이기 때문에 /t/에 비해 변화의 정도가 그리 크게 느껴지지 않을 뿐이죠. 모음 사이 혹은 모음과 -le 사이에서는 [ㄹ]에 가까운 소리가 되고 [d] 다음에 /r/ 사운드가 따라오면 [쥬]에 가깝게 소리납니다.

▶ 강세모음 + [d] + 약모음 = [ㄹ]

ladder	unleaded	audible	video
radio	incredible	accident	body
confidence	order	pudding	ready
daddy	heading	boarding	trading

▶ 강세모음 + [d] + /l/ = [ㄹ]

| middle | riddle | needle | noodle |
| cradle | model | idle | handle |

▶ [d] + /r/ = [쥬]

| drop | drugstore | drawer | drama |
| dry ice | dream | address | drunk-driving |

slow – normal – fast의 속도로 3번 녹음되어 있습니다.

☐ ready to order   ☐ be heading over there

☐ go for a drink   ☐ role model to everyone

☐ absolutely incredible   ☐ have a car accident

☐ in the middle of the meeting

☐ don't have your email address

☐ Laura keeps all her jewelry in the top **drawer** of her **dresser.**
로라는 보석류를 전부 옷장 맨 윗서랍에 보관한다.

☐ They're in the **middle** of an important meeting right now.
그들은 지금 한창 중요한 회의를 하고 있어.

☐ He's taking us all out for **drinks** after work tonight.
그 사람이 오늘 밤 퇴근하고 우리 모두에게 한턱 낸대.

☐ Can I have these delivered to this **address?**
이 주소로 이것들을 배달시킬 수 있나요?

A: Hello. What would you like?
B: Regular **unleaded.** Please fill it up.

A: 안녕하세요. 뭘 드릴까요?
B: 보통 무연휘발유로 가득 채워주세요.

A: I'm not **kidding,** we lost the contract.
B: What are we going to tell the boss?

A: 그 계약을 따내지 못했어. 정말이야.
B: 사장한테 뭐라고 하지?

A: Are you **ready** to **order** your food?
B: No, I haven't **decided** yet.
A: That's all right, I'll just come back in a few minutes.
B: That would be perfect.

A: 주문하시겠어요?
B: 아뇨, 아직 못 정했는데요.
A: 괜찮아요. 잠시 후에 다시 오겠습니다.
B: 그렇게 해 주시면 좋겠네요.

조금 느린 속도로 녹음되어 있습니다.

01

02

03

04

05

06

07

08

09

10

ANSWERS

01 find my dream girl
02 handle it by myself
03 heading over to
04 have your boarding pass
05 be just an accident

06 drop you off
07 have more confidence
08 play video games
09 finish this drawing
10 be a great lover of the dramas

4 양다리의 대명사 /-s/, /-ed/

-s와 -ed는 앞 철자에 따라 발음이 달라요

발음 기초 중의 기초로, 명사의 복수형 혹은 3인칭 단수동사 뒤에 붙는 -(e)s와 동사의 과거시제 및 분사형에 쓰이는 -ed는 앞 철자에 따라 발음이 달라지는 대표적 「양다리 발음」입니다. 먼저 -(e)s는, 모음이나 유성음(b, d, m, n, v, z) 뒤에선 [-(i)z]로 발음되지만, 앞에 t, p, k 등의 무성음이 오면 /s/가 되고 특히 파열음 -t로 끝나는 단어 뒤에선 -ts가 뭉쳐져 [츠]에 가까운 소리가 되죠. 한편 -ed는 /p/, /t/, /k/, /f/ 등의 무성음 뒤에선 /t/로, 모음과 /z/ 같은 유성음 뒤에선 /d/로, /t/나 /d/뒤에선 /id/가 되는 거 아시죠?

▶ 파열음(t, p, k...) + -s = [s]

lists	books	arguments	cloths
desks	parents	caps	lots of

▶ 유성음, 모음 + -s = [z] s, x, sh, ch + -es = [iz]

arrives	flowers	changes	ways
apples	days	boys	comes

▶ 무성음 + -ed = [t]

asked	passed	hoped	dropped

▶ 유성음 + -ed = [d] /t/, /d/ + -ed = [id]

used	surprised	played	decided
expected	founded	attempted	insulted

---

slow – normal – fast의 속도로 3번 녹음되어 있습니다.

☐ like comic books   ☐ take a few days off

☐ be not supposed to   ☐ get used to it

☐ decided to have a drink   ☐ live with my parents

☐ wash the dishes   ☐ write comments

☐ asked her out on a date

☐ I'll just come back in a few **minutes.**
잠시 후에 다시 오겠습니다.

☐ Feel free to give me a call if you have any
questions.
궁금한 점이 있으면 조금도 주저하지 마시고 전화주세요.

☐ It's not at all what I **expected.**
이건 내가 생각했던 게 전혀 아니예요.

☐ We **rented** a small kiosk for the convention next
week.
우리는 다음주에 열릴 대회장에 조그만 자리 하나를 빌렸어요.

A: Would you like our special for tonight?

B: What comes with that?

A: 오늘의 특별요리를 드시겠어요?

B: 뭐가 따라나오나요?

A: Thank you very much for the beautiful flowers you sent me!

B: Well, I'm happy that you are pleased.

A: 예쁜 꽃을 보내주셔서 정말 고마워요!

B: 맘에 들어하니 제가 기쁜걸요.

A: I want to buy a snowboard.

B: Are you an experienced snowboarder?

A: I've tried it a couple of times.

B: Are you interested in buying a used board?

A: 스노우보드를 사려고 하는데요.

B: 스노우보드는 타보셨나요?

A: 두세번 타 봤어요.

B: 중고품은 어떠세요?

조금 느린 속도로 녹음되어 있습니다.

01

02

03

04

05

06

07

08

09

10

ANSWERS
01 buy a used one	06 passed away this morning
02 when it comes out	07 be surprised when~
03 decided to quit	08 arrives in town
04 make lots of money	09 when it comes to
05 I never expected that~	10 Are you interested in~

5 두 단어가 뭉쳐 연음된 경우

한 단어처럼 들려요

빠르게 발음하다보면 단어와 단어가 연음되어 한덩어리로 들리기도 하고 또 그 과정에서 엉뚱한 소리로 변질되기도 합니다. think about 처럼 자음으로 끝나는 단어와 모음으로 시작되는 단어가 만나면 자연스럽게 연음되면서 [띵크 어바웃]이 아니라 [띵커바웃]이 되죠. 그런데 /t/, /d/, /s/로 끝나는 단어가 반모음 /j/로 시작되는 단어와 만나는 경우에는, 단순한 연음현상을 넘어서 [취], [쥐], [쉬]와 같이 소리가 변질된다는 것도 알아두세요.

▶ 단어끝 자음 + 모음 시작어

think about [띵커바우트]	stir up [스터뤞ㅍ]
an official [어너퓌셜]	find out [퐈인다우트]
make it [메이킷]	join us [조이너스]
It's a [잇쳐]	as a(n) [애저(전)]
give us [기버스]	

▶ [t], [d], [s] + [j] = [취], [쥐], [쉬]

this year [디쉬어ㄹ]	miss you [미쉬유]
bless you [블레쉬유]	as you [애쥬]
next year [넥스취어ㄹ]	last year [래스취어ㄹ]
about you [어바우츄]	get you [게츄]
meet you [미츄]	and you [앤쥬]
find you [퐈인쥬]	

slow - normal - fast의 속도로 3번 녹음되어 있습니다.

☐ talk about **the meeting**   ☐ take it **personally**

☐ send you **an e-mail**   ☐ give us **an answer**

☐ **be worried** about you   ☐ meet you **later**

☐ make it **to the party**   ☐ find out **the results**

☐ **go for our vacation** this year

☐ **The new shopping mall will be built next year.**
새 쇼핑센터는 내년에 지어질 것이다.

☐ **Why don't you join a gym this year?**
올해엔 헬쓰클럽에 가입해보지 그러니?

☐ **This train will only get you to Hamilton, and then you will have to take a bus.**
이 기차는 해멀튼까지만 가니 그 다음엔 버스를 타야할 겁니다.

☐ **What makes you think you can perform at their level?**
어째서 그 사람들처럼 업무를 수행할 수 있다고 생각하는거죠?

A: What do you **think about** his excuse?

B: It makes sense to me.

A: 그 사람이 한 변명에 대해 어떻게 생각해?

B: 나름대로 일리가 있는 걸.

A: Can I **get you** something?

B: No, **thank you.** I'm being helped already.

A: 뭐 필요한 거 있으세요?

B: 괜찮아요. 다른 사람이 봐주고 있거든요.

A: Tell me **about your** family. Is it big or small?

B: Well, I have three brothers and two sisters.

A: Wow! That is big. So are you the oldest or the baby?

B: Actually, I am the baby. What **about you?**

A: 너희 가족에 대해 말해줘. 가족이 많니, 적니?

B: 글쎄, 남자형제가 셋이고, 자매가 둘이야.

A: 이야! 대가족인데. 그럼 넌 첫째니 막내니?

B: 실은 막내야. 넌?

01

02

03

04

05

06

07

08

09

10

ANSWERS
01 think about it	06 be going to miss you
02 make it up to you	07 get you something
03 It's a secret	08 went there last year
04 Nice to meet you	09 heard so much about you
05 win next year	10 say to an offer

6 어둠 속의 /l/이 울릴 때: Dark 'l'

'l'이라고 다 같은 'l'이 아니죠

actually[액추얼리]의 −ally−[얼리]처럼 뒤에 모음이 와서 깔끔하게 [을리]로 발음되는 'clear l'이 있는가 하면, 자음이 따라오거나 단어 끝에 와서 발음을 하다 만 것처럼 개운치 않은'dark l'도 있으니까요. /l/ 뒤에 자음이 오면, 다음 자음의 발음을 준비하느라 /l/ 소리를 제대로 내지 못하게 됩니다. 그래서 milk는 [밀ㅋ]가 아니라 [미얼ㅋ]가 되는 거죠. 또한 /l/이 마지막 음일 경우에도, 다음 소리를 준비할 필요가 없어 혀끝을 잇몸에 꽉 붙인 채 소리를 마무리하므로 역시 완전한 /l/, 즉 [을리]로 발음할 수가 없게 됩니다.

▶ [l] + 자음

yield	wheelchair	field	built
else	shield	Garfield	felt
child	help	himself	cold
milkman	mild	also	culture
wolf			

▶ [l]이 단어끝에 올 경우

oil	spill	deal	hill
bill	possible	appeal	will
mill	real	model	call
meal			

slow – normal – fast의 속도로 3번 녹음되어 있습니다.

☐ the great meal
☐ will be right back
☐ as soon as possible
☐ buy milk at the store
☐ felt that way

☐ be glad to help you
☐ the big deal
☐ be selfish
☐ forgot to call you

☐ Children should drink two to three glasses of
milk a day.
어린이들은 하루에 우유를 2~3잔 마셔야 한다.

☐ If you're late again, you're fired. Am I making
myself understood?
또 지각하면 해고야. 알아들었어?

☐ Thanks very much for your **help.**
도와주셔서 정말 고맙습니다.

☐ Would you like to choose a wine to go with your
meal?
식사에 와인을 곁들이시겠습니까?

A: Would you like the salads with the **meal** or as an appetizer?

B: We'd like them as an appetizer.

A: 샐러드를 본 요리와 함께 드릴까요, 아니면 애피타이저로 할까요?
B: 애피타이저로 주세요.

A: My computer is frozen!

B: That's no big **deal.**

A: 내 컴퓨터가 완전히 꼼짝도 안해!
B: 별 문제 아냐.

A: Drop me a line to let me know how you're doing.

B: I **will.** But I don't have your address.

A: I **will** text it on your cell.

B: It's very kind of you. I **will** write to you.

A: 어떻게 지내는지 궁금하니까 편지나 좀 써.
B: 그럴게. 그런데 주소를 모르는데.
A: 네 휴대폰에 문자를 넣어줄 게.
B: 정말 고마워. 너한테 편지 쓸게.

조금 느린 속도로 녹음되어 있습니다.

01

02

03

04

05

06

07

08

09

10

ANSWERS
01 give the tickets to someone else
02 bring you the bill
03 give me a call
04 a real nice guy
05 go with your meal
06 catch a cold
07 will help our future
08 be impossible to find
09 accept the deal
10 the best in his field

CHAPTER 2

살릴 건 살리고 죽일 건 죽이고

7 유종의 미는 거두지 말까

끝자음 죽이기

영어를 영어답게 발음하기 위해선 영단어 고유의 리듬에 따라 「살릴 것은 살리고 죽일 것은 과감하게 무시하고 넘어가는」 융통성을 발휘해야 합니다. 이번에 살펴볼 것은 은근슬쩍 무시하고 넘어가도 되는 단어 끝자음으로, 단어가 /t/, /d/, /p/, /b/, /k/, /g/ 등의 자음으로 끝나는 경우, 있지도 않은 모음 [으]를 삽입해서 [트], [드], [프], [브], [크], [그]로 발음하는 것이 아니라 단어 끝에 약하게 [ㅌ], [ㄷ], [ㅍ], [ㅂ], [ㅋ], [ㄱ]을 덧붙이면 되는 거죠. 예컨대 desk를 굳이 [데스크]라고 꼼꼼하게 읽어줄 것이 아니라 [데스ㅋ]정도로 끝자음을 약화시켜주면 좀더 세련된 느낌이 된답니다.

▶ -t[ㅌ]와 -d[ㄷ]

credit card	rat race	last
accept	expect	head
mood	hand	World Cup
remote control(리모콘)	end user(제품의 최종소비자)	

▶ -p[ㅍ]와 -b[ㅂ]

stop	deep throat(용감한 내부 밀고자)	help
Keep going!(계속 가!)	club	crab

▶ -k[ㅋ]와 -g[ㄱ]

work force	stock option	junk mail	talk
took	walk	peak	check
lock	fog	leg	pig

slow – normal – fast의 속도로 3번 녹음되어 있습니다.

☐ call me last night

☐ the next flight to New York

☐ my first visit to America

☐ pick out whatever you need

☐ keep an eye on her

☐ check with security

☐ walk in the park

☐ He **said** we **should** take the **second road** on the **left** after the **light.**
그 사람이 신호등을 지나서 왼쪽에 있는 두번째 도로를 타라고 했어.

☐ He knows the **secret** to success.
그 사람은 성공하는 비결을 알아.

☐ I'm **not** sure if I am available Friday, **but** I will **check** with my wife.
금요일에 시간이 되는지 모르겠지만, 아내한테 확인해볼게요.

☐ I'd like to **set** up an **appointment** for **next week.**
다음 주로 약속을 정하고 싶은데요.

A: Will you pay for this in cash or by check?

B: I'll pay for it with my credit card.

A: 현금으로 내실 건가요, 수표로 내실 건가요?

B: 신용카드로 할게요.

A: Billy and I are thinking of coming to visit you this summer.

B: Fancy that! I'll have to get my guest room all ready!

A: 빌리하고 이번 여름에 너희 집에 갈까 생각 중이야.

B: 어머 정말! 손님방을 치워 놔야겠네!

A: I missed my connecting flight to NY.

B: May I see your boarding pass, please?

A: Sure. Do you happen to know when the next available flight leaves?

B: Let me check. It looks like we can put you on a flight in about an hour.

A: 뉴욕행 연결 비행편을 놓쳤어요.

B: 탑승권 좀 보여주시겠어요?

A: 그러죠. 혹시 다음 비행기는 언제 있는지 아세요?

B: 확인해보죠. 한 시간 후쯤 출발하는 비행기에 자리를 마련할 수 있을 것 같네요.

조금 느린 속도로 녹음되어 있습니다.

01

02

03

04

05

06

07

08

09

10

ANSWERS
01 walk me home	06 double-check the alarm system
02 have to work tonight	07 expect a wage raise
03 took a vacation	08 be in a really bad mood
04 do a great job	09 head for the bar
05 caught a bad cold	10 accept the deal

8 단어 첫머리의 약모음은 있으나 마나

있는 듯 없는 듯 약모음

이번엔 모음이 약해진 경우입니다. 자음의 경우 끝자음을 죽였던 것과 달리, 모음에서는 강세를 받지 못하는 첫모음이 괄시(?)를 당한답니다. a-, o- 등으로 시작하는 단어에서 이들 철자에 강세가 없으면, 뒤따라오는 강세 모음을 살리기 위해 상대적으로 약화되어 /ə/로 발음이 되죠. e-로 시작하는 단어도 같은 처지로, 첫모음 e에 강세가 없으면 약한 /i/ 소리가 나게 됩니다.

▶ a[ə]–

abroad	accused	abuse	alive
afraid	apply	allow	available
about	accept	above	another
America	Academy Award		

▶ o[ə]–

observe	oppose	offensive	objection
obtain	occasion	occur	o'clock
offend	official	opinion	

▶ e[i]–

effect	equipment	expect	elaborate
evade	executive	excuse	excess
essential	expect	especially	edition
efficient	establish		

slow – normal – fast의 속도로 3번 녹음되어 있습니다.

☐ give him another chance

☐ if you will excuse me

☐ be not allowed to smoke here

☐ I'm afraid to~

☐ ask him to come along

☐ take a look around here

☐ be available after one o'clock

☐ I've been asked to **accompany** the sales team.
영업팀과 동행하라는 지시를 받았어요.

☐ I'll be **available** after four **o'clock.**
4시 이후엔 통화할 수 있을거야.

☐ **Excuse** me, who do you work for?
실례합니다만, 어디서 일하세요?

☐ I can't **afford** to buy it.
그걸 살 만한 여유가 없어요.

A: Please accept my sincere apologies.

B: Your apology is accepted.

A: 제발 내 진심어린 사과를 받아줘요.
B: 다 용서했어요.

A: How soon do you expect him back?

B: He should be back in about 15 minutes.

A: 그 사람 언제쯤 돌아올까요?
B: 15분쯤 후엔 돌아올거예요.

A: James and I are going jogging at six o'clock. Do you want to come along?

B: Sorry, I can't make it.

A: No problem. What about tomorrow after work?

B: Yeah, I'll join you guys tomorrow.

A: 제임스랑 6시에 조깅할 건데요. 같이 할래요?
B: 죄송한데, 못 갈 것 같네요.
A: 괜찮아요. 내일 퇴근하고는 어때요?
B: 네, 내일은 같이 할게요.

01

02

03

04

05

06

07

08

09

10

ANSWERS
01 saw her alive	06 don't accept check here
02 get her opinion	07 available to start the job
03 the executive officers	08 It occurred to me that~
04 Please allow me to~	09 afford another trip to Hawaii
05 expect a heavy snowfall	10 be going to jogging at 7 o'clock

9 듣기 오적(五賊): 관사, 관계사, 접속사, 전치사, 인칭대명사

내용어는 강하게, 기능어는 약하게

말을 배우기 시작하는 아이들은 명사, 형용사, 동사만을 나열합니다. 그래도 그 의미는 다 통하죠. 한 문장에는 이처럼 의미 전달에 중심적인 역할을 하는 「내용어」가 있는가 하면, "~가," "~를," "~와" 등과 같이 내용어를 연결해주는 「기능어」가 있습니다. 말을 하다보면 아무래도 말의 핵심이 되는 내용어에 힘이 들어가기 마련이고 상대적으로 기능어에는 소홀해질 수밖에 없습니다. 영어에서는 관사, 관계사, 접속사, 전치사, 인칭대명사 등이 기능어에 속하는 것들로, 명사나 형용사 등의 핵심어에 비해 약하게 발음됩니다.

▶ 관사
sign the contract　　　　first thing in the morning

▶ 관계사
He is not who he was　　　I know what I am doing

▶ 접속사
bread and butter (버터 발린 빵)　believe it or not (믿거나 말거나)

▶ 전치사
as of now　　　some of the　　　due to

▶ 인칭대명사
I / me / my　　　you / your　　　he / him / his
she / her　　　they / them / their　　　we / our / us

slow – normal – fast의 속도로 3번 녹음되어 있습니다.

- [ ] be with a client
- [ ] stay out of this
- [ ] check them all
- [ ] mention that I'm married
- [ ] change my mind
- [ ] smoking or non-smoking
- [ ] I'm not sure if~
- [ ] clean the house
- [ ] left the key in the room

- [ ] Don't give him a hard time. He's suffered enough.
  그 사람을 너무 힘들게 하지 말아요. 고생할만큼 했잖아요.

- [ ] I'm sorry, Carl just stepped out of the office.
  어쩌죠. 칼이 방금 사무실에서 나갔어요.

- [ ] I wanted to pick up some of the golf balls you had on sale.
  할인판매 중인 골프공을 몇 개 사고 싶었어요.

- [ ] I'm afraid I don't know what to say.
  뭐라고 해야 할지 모르겠네요.

A: I can't wait to get **out of** here. **It's** so hot, and **I am** exhausted.

B: I know **what** you mean.

A: 여기서 나가고 싶어 죽겠어. 너무 더워서 진이 다 빠졌어.
B: 무슨 말인지 알아.

A: Could you please show **me** another jacket?

B: **I'm** afraid it's **the** only style **that** we have.

A: 다른 자켓으로 보여주시겠어요?
B: 죄송하지만, 이 스타일밖에 없습니다.

A: Here are **the** tickets **to the** concert **that** I promised.

B: I don't know **how to** thank you!

A: Don't worry **about** it, **my** brother got **them for me.**

B: I can't wait to go!

A: 약속했던 공연 티켓 여기 있어요.
B: 이거 고마워서 어쩌죠!
A: 그럴 거 없어요, 우리 형이 가져다 준거니까요.
B: 당장이라도 가고 싶어요!

01

02

03

04

05

06

07

08

09

10

10

효율성 따지다 제 소리도 못내는 철자들

번거로우면 대충 대충 약하게

요즘 사람들이 말하는 속도는 10년 전에 비해 두 배 정도 빠르다는 얘기가 있습니다. 이처럼 말이 빨라지다보니 발음이 조금만 번거롭다고 느껴지면 대충대충 약하게 발음하고 넘어가는 경향이 강해졌습니다. 그래서 우리 사전에 /r/로 표기되는 발음은 대충 무시당하기 일쑤이고 이중모음은 단모음으로 탈바꿈되기도 합니다. 또한 자음이 중복되거나 너무 많으면 그 중 하나 정도는 제 소리를 못내기 십상이고 단어 중간에 위치한 모음은 좌우 자음들에 기가 눌려 약하게 발음되거나 소리가 씹히기도 하죠.

▶ 들릴듯 들릴듯 들리지 않는 'r'
se**cr**etary [세커터리]　　su**rv**ival [서바이벌]　　Feb**r**uary [페뷰어리]
su**rp**rise [서프라이즈]　　pa**rt**y [파티]　　lib**r**ary [라이버리]

▶ 하나면 족해! 귀찮은 이중모음도 단모음으로
ag**ai**nst [어게인스트] → [어겐스트]　　s**ay**s [세이즈] → [세즈]

▶ 연거푸 오는 중·삼복자음도 못참아
atte**mpt** to [어템투]　　mo**nths** [먼스]
clo**thes** [클로스]　　fa**st** track [패스트랙]
bu**s st**op [버스탑]　　ga**s st**ation [개스테이션]

▶ 모음이 자음한테 주눅든 경우
lev**e**l [레블]　　int**e**resting [인트레스팅]
pr**e**pare [프리페어]　　fam**i**ly [패믈리]

slow – normal – fast의 속도로 3번 녹음되어 있습니다.

☐ until she says yes   ☐ be going to the library

☐ start a family   ☐ go change my clothes

☐ be against the plan   ☐ the new secretary

☐ a surprise party

☐ something interesting in the news

☐ It's been 3 months since~

☐ I saw your secretary at the office party.
회사 파티에서 너희 비서를 봤어.

☐ I can't believe there isn't a bus stop on this street!
이 거리에 버스 정류장이 없다니 말도 안돼!

☐ That sounds pretty interesting.
아주 재미있겠군요.

☐ I'm filing a lawsuit against my boss for sexual harassment.
우리 사장을 성희롱으로 고소할거야.

A: Where are you going?
B: I'm heading to the library to study.

A: 어디 가?
B: 도서관에 공부하러 가.

A: What does your fortune cookie say?
B: It says that I should take risks today.

A: 포춘 쿠키에 뭐라고 써 있어?
B: 오늘 모험을 해보라는군.

A: I went to the police station and filed a complaint against you.
B: You did what?
A: I got a restraining order against you.
B: What the hell is your problem?

A: 경찰서에 가서 당신을 고발했어요.
B: 뭘 했다구요?
A: 당신에게 금지 명령을 내렸다구요.
B: 도대체 뭣 때문에 그래요?

01

02

03

04

05

06

07

08

09

10

ANSWERS

01 wash your clothes by hand	06 file a lawsuit against
02 prepare for a big exam	07 have worked here for over 6 months
03 Please just level with me,	08 That sounds interesting
04 to the next gas station	09 live together as a family
05 what it says on the map	10 go to the library to get a book

11 폼만 잡는 철자들: 100% 묵음

철자와 발음이 심하게 다르죠?

know의 첫자음 k는 자리만 차지하고 있을 뿐 전혀 소리가 안나는 묵음입니다. 영어에는 know의 k처럼 무슨 이유에서인지 처음부터 제 소리를 갖지 못하고 폼으로 붙어있는 철자들을 포함한 단어들이 꽤 있습니다. talk, listen, 그리고 answer처럼 일상의 기본단어로 입에 쫘 ~악 달라 붙어서 묵음이 있는지도 모르고 사용하는 경우들이 대부분이죠. 하지만 tongue[텅그]처럼 묵음을 놓치고 읽다가 망신(?) 당할 수 있는 단어들도 있으니 조심하셔야 돼요.

▶ 무조건 발음 안하는 철자를 포함한 단어

b 묵음	de**b**t	dou**b**t	dum**b**	lam**b**
	plum**b**er	thum**b**	clim**b**	tom**b**
g 묵음	campai**g**n	desi**g**n	forei**g**n	si**g**n
h 묵음	**h**our	**h**eir	**h**umor	
k 묵음	**k**night	**k**nife	**k**nock	**k**now
l 묵음	ta**l**k	ca**l**m	fo**l**k	ha**l**f
	ha**l**ve	sa**l**mon	wou**l**d	shou**l**d
n 묵음	autum**n**	colum**n**	dam**n**	
gh 묵음	dau**gh**ter	dou**gh**	frei**gh**t	hei**gh**t
	hi**gh**	strai**gh**t	cau**gh**t	
s 묵음	ai**s**le	i**s**land		
t 묵음	cas**t**le	Chris**t**mas	fas**t**en	lis**t**en
w 묵음	ans**w**er	s**w**ord		
기타	mus**c**le	recei**p**t	ton**g**ue hand**s**ome	

slow - normal - fast의 속도로 3번 녹음되어 있습니다.

☐ Do you know when~

☐ follow those signs

☐ got caught in traffic

☐ listen very carefully

☐ need an answer right now

☐ You shouldn't have

☐ get the highest score

☐ I'd like to talk to~

☐ Watch your tongue!

☐ Let me **know** if you have any questions.
궁금한 게 있으면 저한테 알려주세요.

☐ John won **half** a million dollars in the lottery last week.
지난 주에 존이 50만달러짜리 복권에 당첨됐어요.

☐ Okay, and I have an **aisle** seat for you.
알겠습니다. 통로측 좌석으로 드리죠.

☐ I really don't have time to **listen** to you now.
지금은 네 얘기를 들을 시간이 정말 없다니까.

A: Here is your change, ma'am.

B: Thank you. May I have a receipt, please?

A: 잔돈 여기 있습니다. 손님.
B: 고마워요. 영수증 좀 주실래요?

A: Could you tell me how I get to the subway?

B: Go straight ahead until you see the transit.

A: 그 지하철 역에 가려면 어떻게 가야 하나요?
B: 횡단 표지판이 나올 때까지 쭈욱 가세요.

A: Do you know when you will be finished with your project?

B: No, I haven't had much time to think about it.

A: Well, I have to know as soon as possible.

B: Okay. I'll let you know by Wednesday.

A: 당신이 맡은 프로젝트를 언제 끝낼 수 있어요?
B: 아니요. 생각 많이 안 해봤는데요.
A: 글쎄. 바로 좀 알아야 되는데.
B: 알았어요. 수요일까지는 알려드릴게요.

01

02

03

04

05

06

07

08

09

10

ANSWERS
01 give me an answer	06 the famous fashion designer
02 don't have time to listen to you	07 fasten your seatbelt
03 phone her every half an hour	08 be on the tip of my tongue
04 climb a hill	09 went to straight work
05 know what they say	10 get her to calm down

CHAPTER **3**

주격인칭대명사와 조동사는 한덩어리!

12 주격대명사에 착 달라붙는 be동사

한몸이나 다름없는 주격대명사와 be동사

특별히 강조하기 위한 경우가 아니라면 주어와 be동사를 I am ~처럼
또박또박 분리해서 발음하는 경우는 거의 없습니다. 이러한 문형에서
핵심적인 내용은 be 동사 뒤에 나오는 명사 혹은 형용사이기 때문에
주격(인칭)대명사와 be동사는 한덩어리로 축약시켜버리는 것이 일반
적이죠. 부정문, (부정)의문문의 경우에도 마찬가지입니다. 다만 상대
방의 질문에 생략법을 사용하여 Yes I am처럼 말할 때는 예외입니다.

▶ 긍정

I'm	You're	We're	They're
She's	He's	It's	There's

▶ 부정

You aren't	We aren't	They aren't	There aren't
She isn't	He isn't	It isn't	There isn't
I wasn't	He wasn't	She wasn't	It wasn't
You weren't	We weren't	They weren't	

▶ 의문

Am I	Are you	Is he	Is she
Is it	Is there	Was I	Were you
Was he	Was she	Was it	

▶ 부정의문

Aren't you	Aren't they	Isn't she	Isn't he
Isn't it	Weren't you	Wasn't she	Wasn't he

slow – normal – fast의 속도로 3번 녹음되어 있습니다.

☐ Are you **sure?**

☐ She's **gone**

☐ He isn't **my type**

☐ You're **my everything**

☐ It isn't **your fault**

☐ Isn't it **fun?**

☐ Is he **available?**

☐ **They will work overtime if it's not finished.**
일이 끝나지 않으면 그 사람들은 야근할거야.

☐ **I'm really angry with that stupid Internet company.**
그 엉터리같은 인터넷 회사 때문에 정말 화가 나.

☐ **Don't count your chickens before they're hatched!**
김치국부터 마시지 말라구요!

☐ **You're not actually going to get married on Friday the thirteenth, are you?**
정말 13일의 금요일에는 결혼하지 않을거지. 안그래?

A: How come you're late?

B: I got caught in traffic.

A: 어쩌다 이렇게 늦은거야?

B: 차가 밀려서.

A: Is it okay if I phone after lunch?

B: No problem. I'll talk to you then.

A: 점심시간 후에 전화해도 되니?

B: 상관없어. 그럼 그때 얘기하자.

A: Oh, boy, we're going to have fun tonight!

B: What are you guys doing?

A: We're going to Tim's stag.

B: You're going to enjoy yourselves.

A: 야, 오늘 밤에 재미있겠는데!

B: 너희들 뭐 할건데?

A: 팀이 여는 남자만 모이는 파티에 갈거야.

B: 재미있게 놀아라.

01

02

03

04

05

06

07

08

09

10

ANSWERS | 01 I'll get your~
02 Would you like to go~ ?
03 I can't help~
04 You should've seen~
05 Won't you come~ ?

06 I would like to ask for~
07 I can't afford to~
08 I won't tell~
09 Could you please get~
10 You can go there if~

의문사, 조동사를 만나다

16 리스닝 공식 특강
조동사와 만난 의문사 what

what과 조동사가 만났을 때

조동사와 만나 발음이 합체되는 의문사들 중 먼저 what에 대해 살펴봅니다. what 뒤에 am, is, are, was, were, will 등 모음으로 시작되는 조동사가 뒤따라오면 what의 끝자음 −t가 유성음화되어 [와렘~], [와리즈], [와러스], [와러], [와릴] 등으로 소리납니다. /h/발음이 약화되는 have 동사가 오는 경우에도 마찬가지죠. do, can, should, could 등 그 밖의 조동사와 어울어지는 발음도 잘 익혀둡시다.

▶ be동사와의 만남

What am I	What are you	What is he
What was it	What were we	

▶ do동사와의 만남

What do you	What does she	What did he

▶ have동사와의 만남

What have you	What has he	What had it

▶ 기타 조동사와의 만남

What will it	What can I	What would you
What should I	What could	

slow – normal – fast의 속도로 3번 녹음되어 있습니다.

☐ What are you **going**~?　☐ What does he **want**~?

☐ What do you **think** ~?　☐ What will you **take**~?

☐ What can I **do**~?　　　☐ What should we **do** ~?

☐ What have you **done** ~?

☐ **What is** your reason for quitting?
그만두는 이유가 뭐야?

☐ **What do you** think about our new house?
우리 새 집 어때?

☐ **What should I** say when he drops by the office?
그 남자가 사무실에 들르면 뭐라고 할까요?

☐ **What are you** going to do this summer?
이번 여름엔 뭘 할거니?

A: What do you do for a living?
B: I'm a stockbroker.

A: 무슨 일을 하세요?
B: 주식 중개인이에요.

A: What have you been up to lately?
B: The same old thing – a lot of work, as usual.

A: 요새 어떻게 지내?
B: 전하고 똑같지 뭐. 늘 그렇듯 일에 허덕여.

A: I'm so bored with my life these days.
B: I know exactly what you need.
A: What's that?
B: You need a girlfriend to spend your time with.

A: 요즘 내 생활이 너무 따분해.
B: 네가 원하는게 뭔지 알겠다.
A: 그게 뭔데?
B: 같이 지낼 여자 친구가 필요한거야.

조금 느린 속도로 녹음되어 있습니다.

01

02

03

04

05

06

07

08

09

10

ANSWERS
01 What are you doing on~ ?
02 What should I wear to~ ?
03 What do you say~ ?
04 What have you been~ ?
05 What am I supposed to~ ?
06 What is he doing~ ?
07 What can I do~ ?
08 What are you doing~ ?
09 What would you like to~ ?
10 What did you think of~ ?

17

조동사와 만난 의문사 when

when과 조동사가 만났을 때

조동사를 만난 두번째 의문사는 when입니다. when도 모음으로 시작하는 조동사가 따라오면 마지막 자음 −n이 모음과 연음되어 한덩어리가 됩니다. be동사, do동사, have동사, will, should, could 등 다양한 동사와 만난 「when + 조동사」 묶음을 열심히 듣고 따라해봅시다.

▶ be동사와의 만남
When am I   When is he   When are you
When was it   When were we

▶ do동사와의 만남
When do you   When does she   When did you

▶ have동사와의 만남
When have we   When has he   When had it

▶ 기타 조동사와의 만남
When will I   When can he   When would you
When should we   When could you

slow – normal – fast의 속도로 3번 녹음되어 있습니다.

☐ When do you **need** ~?

☐ When did she **meet** ~?

☐ When was **the last time** ~?

☐ When have you **been** ~?

☐ When will it **start** ~?

☐ When can you **finish**~?

☐ When should I **call** ~?

☐ **When is she** planning on getting married?
그 여자는 언제 결혼할 계획이래요?

☐ **When do you** want to get together for coffee?
언제 만나서 커피 한잔 할까?

☐ **When will you** be able to take a holiday?
휴가를 언제 받을 수 있겠어요?

☐ **What would be** the best time to have lunch together?
함께 점심식사 하려면 언제가 제일 좋을까요?

A: **When do you** need to have the library books back?

B: Before the weekend.

A: 언제 도서관 책을 반납해야 하니?
B: 주말 되기 전에.

A: **When should I** come over to see you?

B: Whenever you like. Just don't forget to bring some food.

A: 언제 보러 가면 돼?
B: 너 좋을 때 아무때나. 음식 가져오는 것만 잊지마.

A: **When was** the last time you saw him alive?

B: I'm sorry?

A: **When did you** see him last?

B: About three years ago.

A: 생전에 그 사람을 마지막으로 본 게 언제였죠?
B: 뭐라구요?
A: 그 사람을 언제 마지막으로 봤냐구요?
B: 한 3년 전쯤요.

01

02

03

04

05

06

07

08

09

10

ANSWERS

01 When do you want to~ ?
02 When would you like to~ ?
03 When is he scheduled to~ ?
04 When are you going to~ ?
05 When can you finish~ ?

06 When does she get~ ?
07 When will you~ ?
08 When should we meet~ ?
09 When are you leaving~ ?
10 When did you start~ ?

18 조동사와 만난 의문사 where

리스닝 공식 특강

where가 조동사와 만났을 때

이번에는 「장소」 의문사 where가 조동사와 만난 경우입니다. where 도 뒤따라오는 조동사들과 연음되어 한덩어리처럼 발음된다는 면에선 앞서 살펴본 의문사들과 같습니다. be동사, do동사, have동사를 기본 으로 will, can, should 등 여러 조동사와 where의 결합은 다음과 같 습니다.

▶ **be동사와의 만남**

Where am I   Where are we   Where is it
Where was she   Where were they

▶ **do동사와의 만남**

Where do you   Where does he   Where did they
Where did I

▶ **have동사와의 만남**

Where have you   Where has it

▶ **기타 조동사와의 만남**

Where will I   Where can you   Where should I
Where could we

Ⓐ 어구에서 들어보기

slow − normal − fast의 속도로 3번 녹음되어 있습니다.

☐ Where could we go ~?

☐ Where have you been?

☐ Where does it go ~?

☐ Where should they get ~?

☐ Where am I?

☐ Where did you meet ~?

☐ Where would you recommend ~?

Ⓑ 문장에서 들어보기

☐ **Where can I** reach you if there is an emergency?
급한 일이 생기면 어디로 연락해야 하죠?

☐ **Where should we** begin?
어디부터 시작해야죠?

☐ **Where will you** be staying here in New York?
이곳 뉴욕에서는 어디에 머무실거죠?

☐ **Where are they** considering getting their car fixed?
그 사람들은 차를 어디에서 수리하려고 하나요?

A: Where did you meet your husband?

B: I met him while I was studying in Europe last summer.

A: 넌 남편을 어디서 처음 만났어?
B: 작년 여름 유럽에서 유학 중에 만났어.

A: Where can I get tickets to see the show?

B: The best way to get tickets is to reserve them online.

A: 이 공연 입장권을 어디서 구해요?
B: 입장권을 구하려면 인터넷으로 예매하는 게 가장 좋아요.

A: I have to talk to you, Pat.

B: When and where can I meet you?

A: How about after work, at the bar on the corner?

B: That sounds perfect.

A: 폴, 나하고 얘기 좀 하자.
B: 언제 어디서 만날까?
A: 퇴근 후 길 모퉁이 바에서 보는 게 어때?
B: 좋구 말구.

조금 느린 속도로 녹음되어 있습니다.

01

02

03

04

05

06

07

08

09

10

ANSWERS
01 Where do you want to~ ?
02 Where did you learn to~ ?
03 Where can I buy~ ?
04 Where do you think~ ?
05 Where do I get~ ?
06 Where's your~ ?
07 Where should I put~ ?
08 Where did she come~ ?
09 Where are we going to~ ?
10 Where is the best place to~ ?

19

조동사와 만난 의문사 who

who와 조동사가 만났을 때

의문사 who는 다른 의문사들과는 달리 동작의 주체, 즉 주어로 쓰이는 경우가 많아서, 흔히 who바로 다음에 본동사가 이어집니다. 예를 들면, "Who did it?," "Who told you so?," "Who said that?"처럼 말이죠. 이 점을 유의하면서 「Who + 본동사 ~?」 및 「Who + 조동사 + 주어 + 본동사~?」의 경우에서 의문사 who가 본동사 혹은 have, will, can 등의 조동사들과 결합하여 어떤 소리를 내는지 들어보도록 해요.

▶ be동사와의 만남

Who am I   Who is going   Who is

Who was   Who were

▶ do동사와의 만남

Who do you   Who did you

▶ have동사와의 만남

Who have   Who has he   Who had it

▶ 기타 조동사와의 만남

Who will be   Who can   Who would

Who should   Who could

slow – normal – fast의 속도로 3번 녹음되어 있습니다.

☐ Who can **use** ~?　　　　☐ Who would **want to** ~?

☐ Who is **your boss?**　　　☐ Who did you **invite?**

☐ Who do they **want to~?**

☐ Who's going to **help~?**

☐ **Who will** ask the boss whether or not we are going to get a raise?
월급 인상이 있을 건지 아닌지 사장한테 누가 물어볼거죠?

☐ **Who did you** see when you were in Chicago?
시카고에 있을 때 누굴 봤죠?

☐ **Who's** coming to the housewarming party?
집들이에 누가 올거죠?

☐ **Who's going to** take care of your kids while you're away?
너 없는 동안 누가 너희 아이들을 돌봐 주게 되니?

A: **Who is** in charge of buying the supplies?
B: The secretary is getting all the stuff.

A: 소모품 구입 담당자가 누구죠?
B: 그런 물건들은 다 비서가 구입하고 있어요.

A: **Who do you** work for?
B: I work for a government agency.

A: 어디에서 일해요?
B: 정부기관에서 근무해요.

A: **Who should I** ask about extending my vacation?
B: Me, I'm the one in charge.
A: I didn't know you had that responsibility.
B: How long do you want to extend?

A: 휴가를 연장하려면 누구한테 말해야 하죠?
B: 저요. 제가 책임자예요.
A: 당신에게 그런 권한이 있는지 몰랐는데요.
B: 얼마나 연장하고 싶은데요?

01

02

03

04

05

06

07

08

09

10

20 리스닝 공식 특강
조동사와 만난 의문사 why

why와 조동사가 만났을 때

의문사와 조동사의 결합 다섯번째. 「이유」의 의문사 why가 be, do,
have, will 등의 조동사와 만나 한덩어리가 되었을 때를 살펴봅니다.
가장 대표적인 경우인 제안, 권유의 관용표현인 "Why don't you~?,"
"Why don't we~?" 등을 포함해서 Why와 조동사가 어울려 어떻게
소리나는지 확인해보도록 합시다.

▶ be동사와의 만남

Why am I	Why are they	Why is it
Why was that	Why were you	

▶ do동사와의 만남

Why do I	Why don't you	Why does she
Why did they		

▶ have동사와의 만남

Why have you	Why has he

▶ 기타 조동사와의 만남

Why will I	Why would we	Why should I

slow - normal - fast의 속도로 3번 녹음되어 있습니다.

☐ Why are you **staying** ~?   ☐ Why were you **late** ~?

☐ Why do you **think** ~?   ☐ Why don't you **go**~?

☐ Why does he **come** ~?

☐ Why are you going to **play**?

☐ Why should we **believe** ~?

☐ Why would that **be**?

☐ **Why will you** go to bed early tonight?
오늘 밤엔 왜 일찍 자려는거야?

☐ **Why were you** laughing at me?
왜 나를 비웃고 있었니?

☐ **Why did she** slap the man's face?
그 여자는 왜 그 남자 뺨을 때린거야?

☐ **Why don't we** get together on Saturday?
토요일에 좀 만나죠.

A: **Why don't you** prepare the salad while I make the chicken?

B: Okay. Where are all the vegetables?

A: 내가 닭요리를 만들 동안 넌 샐러드를 준비하는 게 어때?
B: 좋아. 야채는 모두 어디 있지?

A: **Why are you going to** take off early tonight?

B: I have to help my son with his homework.

A: 오늘밤은 왜 일찍 자리를 뜨려고 그래?
B: 아들 숙제를 봐줘야 하거든.

A: Let's go out to dinner tonight.

B: That sounds good. Where should we go?

A: **Why don't we** try that new Italian place?

B: Okay, but it's expensive, so we will have to go dutch.

A: 오늘 저녁 외식하자.
B: 좋아. 그런데 어디로 가지?
A: 새로 생긴 이탈리아 식당 어때?
B: 좋지. 근데 비싸잖아. 돈은 각자 내야겠다.

조금 느린 속도로 녹음되어 있습니다.

01

02

03

04

05

06

07

08

09

10

ANSWERS
01 Why did you leave~ ?
02 Why are you trying to~ ?
03 Why don't you take~ ?
04 Why is that so~ ?
05 Why do you like~ ?

06 Why would we have to~ ?
07 Why do you want to~ ?
08 Why didn't you answer~ ?
09 Why do I have to~ ?
10 Why don't we try~ ?

21

조동사와 만난 의문사 how

how와 조동사가 만났을 때

마지막으로 살펴볼 의문사 how는, 다른 의문사들과 달리 how long, how much 등 형용사 및 부사와 세트로 쓰이는 경우가 많은데요, 여기서는 how가 곧바로 조동사와 이어져 연음되는 경우만 살펴봅니다. what과 더불어 가장 많이 쓰이는 의문사 중의 하나로, 빈출하는 「How + 조동사 + 인칭대명사」 세트를 잘 귀담아 들어보도록 합니다.

▶ be동사와의 만남

| How am I | How are you | How is she |
| How was it | How were we | |

▶ do동사와의 만남

| How do you | How does he | How did they |

▶ have동사와의 만남

| How have we | How has it | How had you |

▶ 기타 조동사와의 만남

| How will I | How can he | How may I |
| How would you | How should we | How could you |

slow – normal – fast의 속도로 3번 녹음되어 있습니다.

☐ How am I **supposed to~?** ☐ How are you **doing?**

☐ How does she **feel?** ☐ How could you **say ~?**

☐ How would you **like ~?** ☐ How can I **~?**

☐ How have you **been?** ☐ How may I **help ~?**

☐ **How's it** going with your boyfriend?
남자 친구랑은 어떻게 돼가?

☐ **How was** the computer show you attended?
당신이 참가했던 컴퓨터 전시회는 어땠나요?

☐ **How do you** like to have your eggs cooked?
달걀을 어떻게 요리해 드릴까요?

☐ **How did you** enjoy doing your homework on
the computer?
컴퓨터로 숙제를 하니까 재미있었어?

A: How is it that we ran out of gas?

B: I forgot to fill up the tank before we left.

A: 어쩌다 기름이 다 떨어진거야?
B: 출발하기 전에 기름 탱크 채운다는 걸 깜박했지 뭐야.

A: How can I get in touch with him?

B: You can leave me your name, and I'll tell him you called.

A: 그 사람에게 연락할 수 있는 방법이 없을까요?
B: 성함을 말씀해주시면 전화하셨다고 전해드리겠습니다.

A: How could you do something like that?

B: I promise I won't let it happen again.

A: How can I be sure?

B: Because I promise you it won't happen again.

A: 어떻게 그럴 수가 있죠?
B: 다신 그런 일 없을 거예요. 약속해요.
A: 그걸 어떻게 믿어요?
B: 다신 안 그러겠다고 약속하잖아요.

조금 느린 속도로 녹음되어 있습니다.

01

02

03

04

05

06

07

08

09

10

ANSWERS

01 How do you like~ ?
02 How was your~ ?
03 How did you know~ ?
04 How would you like to~ ?
05 How can you say~ ?

06 How are you feeling~ ?
07 How should we go to~ ?
08 How could you not~ ?
09 How would you like it if I~ ?
10 How can you be so~ ?

01

02

03

04

05

06

07

08

09

10

ANSWERS
01 the board of directors	06 time to leave for the party
02 board my flight	07 be free of charge
03 change our plans	08 be in charge of buying~
04 I have change	09 What kind of hats are you~ ?
05 leave them on your desk	10 That sounds kind of boring

23

들어도 아리송한 단어들

문장의 흐름 속에서 의미를 파악해야

발음은 똑같은데 철자와 의미가 다른 「동음이의어」는, 영어 듣기를 더욱 어렵게 만드는 주범입니다. 소리만으로는 어떤 단어인지 구분을 할 수 없고 전체적인 문장 흐름 속에서 알맞은 의미의 단어를 유추해 내야 하기 때문이죠. 단순히 단어 하나를 들을 수 있느냐 없느냐의 문제를 넘어서서 문맥을 알아야만 단어를 알아들 수 있는, 좀 더 고차원의 청취 훈련이 필요한 부분.

▶ **동음 이의어**

[roud] road (길) / rode (ride의 과거, 탔다)
[meil] male (남성) / mail (우편)
[hi:l] heel (발 뒤꿈치) / heal (치료하다)
[hiər] hear (듣다) / here (여기)
[loun] loan (대출) / lone (고독한)
[fɛər] fair (공평한, 박람회) / fare (요금)
[breik] break (깨뜨리다) / brake (제동 장치)
[stéiʃənèri] stationary (정지한) / stationery (문방구)
[wɛər] wear (착용하다) / where (장소, 어디) / ware (제품)

▶ **묵음으로 인한 동음 이의어**

[rait] write (쓰다, 적다) / right (올바른)
[nait] knight (기사) / night (밤)

▶ **연음 · 축약으로 인한 동음 이의어**

[ðɛər] their / they're   [hu:z] whose / who's
[its] its / it's   [ail] aisle(통로) / I'll

slow – normal – fast의 속도로 3번 녹음되어 있습니다.

- ☐ rode / road
- ☐ aisle / I'll
- ☐ heel /heal
- ☐ write / right
- ☐ meat / meet
- ☐ whose / who's
- ☐ here / hear
- ☐ whole / hole
- ☐ build / billed
- ☐ whether / weather
- ☐ complement / compliment

☐ We were **billed** twice for the fence that we hired you to **build.**
귀사가 세운 담장 공사비가 두 번이나 청구되었습니다.

☐ I saw him **write** it down , but the spelling might not be **right.**
그 남자가 받아적는 걸 봤는데. 철자는 아마 맞지 않을 수도 있어요.

☐ Mark used the **brakes** to take a **break** on the road.
마크는 도로 주행중에 잠깐 쉬려고 제동을 걸었다.

☐ She's going to cook some **meat** when we **meet** for dinner.
그 여자는 저녁 식사 모임에 고기 요리를 좀 할 생각이다.

A: I hear a lot of students are going abroad these days.

B: True. It's because we aren't satisfied with our education here.

A: 요새 유학가는 학생들이 많다더라.
B: 맞아. 우리나라에서 받는 교육이 만족스럽지 못해서 그래.

A: Tell the children not to put their toys in the aisle.

B: I'll talk to them when they get home.

A: 얘들한테 장난감을 통로에 두지 말라고 얘기 좀 해.
B: 집에 오면 말할게.

A: There are a lot of cars driving on the road today.

B: How do you know that?

A: I saw them when I rode my motorcycle on the highway this morning.

A: 오늘은 도로에 차가 많아.
B: 그걸 어떻게 알아?
A: 오늘 아침에 고속도로로 오토바이를 타고 오면서 봤어.

조금 느린 속도로 녹음되어 있습니다.

01
(loan/ lone)

02
(fair/ fare)

03
(ware/ wear)

04
(weather/ whether)

05
(hole/ whole)

06
(write/ right)

07
(here/ hear)

08
(compliment/ complement)

09
(meet/ meat)

10
(whose/ who's)

ANSWERS | 01 get a small-business loan | 06 write me a check
02 How much is the fare? | 07 Here is your change
03 I'm going to wear it | 08 That's quite a compliment
04 catch the weather report | 09 eat a lot of meat
05 record the whole meeting | 10 Who's going to~ ?

24 리스닝 공식 특강
품사에 따라 발음이 달라지는 단어

소리에 따른 품사 및 의미 익히기

철자가 다르면서 같은 소리로 발음되는 동음이의어가 있는가 하면, 같은 단어, 같은 철자인데도 품사에 따라 액센트 및 발음이 달라지는 단어들도 있습니다. 발음이 달라지는 多품사 단어로는 live를 들 수 가 있는데, 이런 단어들은 발음만 듣고도 문장 속에서 어떤 성품으로 사용되었는지 구분할 수 있죠. 다행히도 이처럼 품사에 따라 발음이 달라지는 단어들은 그리 많지 않으므로 나올 때마다 바로바로 정리해 두는 것이 상책입니다.

▶ **일구이언, 동일단어지만 소리에 따라 의미가 달라져**

present [prézənt] n. 선물 a. 현재의, 출석하고 있는
[prizént] v. 주다, 제공하다, 제출하다

produce [prádju:s] n. 농산물 / [prədjú:s] v. 생산하다, 제작하다

object [ábdʒikt] n. 물체, 목표 / [əbdʒékt] v. (…을) 반대하다

conduct [kándʌkt] n. 행동, 지휘, 지도
[kəndʌkt] v. 인도[안내]하다, 지휘[지도]하다

minute [mínit] n. (시간의) 분 / [mainjú:t] a. 미소한, 상세한

addict [ǽdikt] n. 중독(자), 애호가 / [ədíkt] v. 중독시키다, 몰두시키다

project [prádʒekt] n. (사업) 계획, 기획
[prədʒékt] v. 계획하다, 기획하다

export [ékspɔːrt] n. 수출(품) / [ikspɔ́ːrt] v. 수출하다

subject [sʌ́bdʒikt] n. 주제, 학과
[sʌbdʒékt] a. 종속하는, …하는 경향이 있는 v. 지배하에 두다

live [liv] v. 살다 / [laiv] a. 살아있는, 생생한

refuse [réfju:s] n. 폐물, 쓰레기 / [rifjú:z] v. 거절하다

slow - normal - fast의 속도로 3번 녹음되어 있습니다.

☐ buy her a present/
present a speech at the conference

☐ live in the dorm/ live scan (live 형용사)

☐ focus on moving objects/ object (반대하다)

☐ He will **present** the prizes to the singers who are **present** at the awards show.
그 사람이 시상식에 참석하는 가수들에게 상을 수여할거예요.

☐ The farmer grew this **produce,** and it will **produce** a large profit. 그 농부가 이 농산물을 재배했는데, 큰 수익을 낳을 거예요.

☐ I wanted to **object** to spending the money, but she still bought the **object.**
난 돈을 쓰는 데 반대였지만, 그래도 그 여자는 그 물건을 샀다.

☐ This is **live** coverage of people who **live** in dangerous areas.
이것은 위험 지역에 살고 있는 사람들에 대한 생생한 보도입니다.

A: Are you working on an office project?

B: Yes, we are trying to project the sales figures for next year.

A: 회사 프로젝트 작업 중이니?
B: 응. 내년도 영업수치를 짜보려는 중이야.

A: What is this country's biggest export?

B: I think they export a lot of high tech software.

A: 이 나라 최대 수출품이 뭐죠?
B: 하이테크 소프트웨어를 많이 수출하는 것 같아요.

A: Do you need something from me?

B: I need help with this homework.

A: Just a minute. I'm a little busy.

B: OK, I'll wait. It's only a minute problem.

A: 나한테 뭐 바라는거 있니?
B: 이 숙제 좀 도와주세요.
A: 잠깐만. 좀 바빠서 말야.
B: 괜찮아요. 기다릴게요. 아주 작은 문제니까요.

조금 느린 속도로 녹음되어 있습니다.

01

02

03

04

05

06

07

08

09

10

ANSWERS
01 present your report to~
02 conduct an interview
03 drop the subject
04 be subject to a rule
05 lift heavy objects
06 ten more minutes
07 get me a present
08 dairy produce
09 finish my project
10 conduct an investigation

25

리스닝 공식 특강
비슷한 자음 ①:
/r/ vs. /l/ 그리고 /θ/ vs. /ð/

/r/과 /l/, /θ/와 /ð/는 어떻게 다를까요?

우리나라 사람들이 가장 헷갈려하고 가장 잘못 발음하는 자음들 중 하나가 /r/과 /l/, /θ/와 /ð/입니다. 먼저 /r/은 입술을 쑥 내민 뒤 혀끝이 입천장에 닿지 않게 혀를 구부리고 성대를 울려 발음하는 소리입니다. /r/과 자주 헷갈리는 /l/은 혀끝을 윗니 뒤에 꽉 대고 성대를 울리는 소리로 우리말로 표기한다면 [을ㄹ]정도가 되죠. 한편 th의 두가지 소리 /θ/와 /ð/는 모두 혀끝을 윗니와 아랫니 사이에 살짝 넣고 발음하지만 /θ/는 무성음이고 /ð/는 성대를 울려서 내는 유성음이라는 점이 다릅니다. 혀의 위치에 유의하면서 직접 소리내 보면 각 발음의 미묘한 차이를 느낄 수 있을 거예요.

▶ 영원한 고전 /r/과 /l/의 차이 찾아 삼만리

road / load	wrong / long	right / light
rock / lock	rice / lice	room / loom
race / lace	read / lead	rate / late
rap / lap	rip / lip	row / low
rub / love	rust / lust	work / walk

▶ /θ/와 /ð/도 그놈이 그놈같아

무성음 /θ/	thing	worth	theme
	thank	theater	theory
유성음 /ð/	this	there	brother
	then	though	thus

slow – normal – fast의 속도로 3번 녹음되어 있습니다.

☐ walk down the road/ load the program

☐ send the wrong order/ for the long weekend

☐ in a row/ be low on money

☐ read my report/ take the lead

☐ be in a meeting right now/ traffic lights

☐ that's correct/ collect your belongings

☐ We have to **wrap** the **lap** top computers in bubble.
올록볼록한 방충(防衝) 비닐 포장지로 랩탑 컴퓨터를 싸서 보내야 해요.

☐ Bill is **walking** home from his job after **working** very long hours. 빌은 아주 오랫동안 일하고 난 뒤 걸어서 집에 가는 중야.

☐ I used a **rock** to break the **lock** on my door.
돌멩이를 이용해서 우리집 자물쇠를 부쉈어.

☐ To **collect** your personal belongings as quickly as possible, take the **correct** corridor to the baggage carousel.
될 수 있는 대로 빨리 개인화물을 찾으려면 수화물을 찾는 회전대로 나가는 통로로 정확히 찾아 가세요.

A: I'm sorry I'm so late for our meeting.

B: I think it was **wrong** to make me wait such a **long** time.

A: 회의에 너무 늦어서 죄송합니다.
B: 그렇게 오래 기다리게 하는 건 잘하는 행동같지 않군요.

A: It's too dark in here.

B: The switch for the **light** is on your **right.**

A: 여긴 너무 어두워.
B: 전등 스위치는 네 오른쪽에 있어.

A: Don't get me **wrong**, but you look awful.

B: What do you mean?

A: Well, it looks like you haven't had much sleep lately.

B: Exactly. I'm exhausted.

A: 오해는 하지 마세요. 얼굴이 아주 안 좋아 보이네요.
B: 무슨 뜻이죠?
A: 저, 요즈음 잠을 못 주무신 것처럼 보여서요.
B: 그래요. 너무 피곤하거든요.

▶ LISTENING & REPEAT **D** 잘 듣고 받아 적어보기

조금 느린 속도로 녹음되어 있습니다.

01

02

03

04

05

06

07

08

09

10

ANSWERS
01 What was wrong with~ ?
02 be too busy right now
03 Read my lips
04 get to the conference room
05 I'm not surprised, though
06 I'll talk to you then
07 it's worth a try
08 come back this afternoon
09 meet you out there
10 lack of appetite

26 비슷한 자음 ②: /s/ vs. /ʃ/ 그리고 /dʒ/ vs. /ʒ/

/s/, /ʃ/, /z/, /dʒ/, /ʒ/는 이렇게 달라요

이번에 살펴볼 /s/, /ʃ/, /z/, /dʒ/, /ʒ/는 귀에선 어느 정도 차이를 느끼지만, 직접 발음하려고 하면 뒤죽박죽 헷갈리는 자음들입니다. 가장 기본이 되는 자음 /s/는 혀끝을 윗니 뒤의 오돌토돌한 부분에 대고 입김을 불어내는 소리입니다. 여기서 입술을 앞으로 쑥 내밀어 입김을 불면 /ʃ/가 되고, /s/에서 성대를 울려주면 /z/ 소리가 되죠. 한편 /dʒ/는 /ʒ/처럼 입술을 앞으로 내민 뒤에 /쥐/라고 소리내면 되구요, 이와 비슷한 /ʒ/는 대개 '모음 + -sure'(ex. treasure)의 꼴에서 소리납니다.

▶ /s/냐, /ʃ/냐

sign / shine	sit / shit	sake / shake	save / shave
sell / shell	sock / shock	sort / short	sow / show
sore / shore	self / shelf	as / ash	same / shame

▶ 도통 헷갈리는 /z/ vs /dʒ/ vs /ʒ/

/z/	zone	zoo	zero	busy
	easy	greasy	cause	please
	choose	these	those	reason
/dʒ/	jungle	juice	just	jump
	judge	bridge	budget	knowledge
	college	change	message	region
/ʒ/	measure	pleasure	exposure	disclosure
	leisure	treasure		

slow — normal — fast의 속도로 3번 녹음되어 있습니다.

☐ **sell** my stocks

☐ be *easy* to figure out

☐ be very *busy* at work

☐ be so quick to *judge*

☐ on *such short* notice

☐ *show* up at the end of the meeting

☐ I like him because he's a really **easygoing** person.
정말로 성격이 좋아서 난 그 남자가 좋아.

☐ Would you like to leave him a **message?**
메모 남기시겠어요?

☐ I'll **show** you a few that **seem** to be popular.
인기있는 걸로 몇 개 보여드리죠.

☐ Why did you **choose** to get married to your wife?
너는 왜 네 아내와 결혼하기로 했니?

A: Is Bill available?

B: I'm sorry he just stepped out. Do you want to leave a message?

A: 빌 있나요?
B: 어쩌죠, 지금 막 나갔는데요. 메모 남기실래요?

A: Shall I order your food while you're in the washroom?

B: Yeah, that will save us some time.

A: 네가 화장실에 가 있을 동안 식사를 주문할까?
B: 응, 그러면 시간을 좀 벌 수 있겠네.

A: My little girl's dog got hit by a car on Saturday.

B: That's a shame. How is she handling it?

A: She's a little shaken up.

B: Don't worry, she'll get over it in a few weeks.

A: 우리 딸의 강아지가 토요일날 차에 치였어.
B: 저런. 그 애는 어떻게 받아들이고 있어?
A: 좀 충격을 받았어.
B: 걱정하지마, 그 애는 몇 주 후면 괜찮아질거야.

조금 느린 속도로 녹음되어 있습니다.

01

02

03

04

05

06

07

08

09

10

ANSWERS
01 heard the exact same thing
02 Is there any reason why~ ?
03 spend less on leisure activities
04 give her the message
05 get into the college

06 change that attitude
07 Shame on you
08 make yourself at home
09 I'm pleased to~
10 need some milk and some juice

27 비슷한 자음 ③: fishing vs. pissing

리스닝 공식 특강

/f/와 /v/는 아랫입술을 살짝 물어주세요

우리말 /ㅍ/, /ㅂ/로 표기되는 자음들 중 /b/와 /p/는 양입술을 붙였다 떼면서 입김을 불어서 내는 소리입니다. 그런데 /b/는 유성음이고 /p/는 무성음이라는 점에서 차이가 있지만 이들 자음이 단어끝에 위치할 때는 그 소리가 미약하여 구분이 잘 안되는 편입니다. 다음으로 윗니를 아랫입술에 살짝 댄 상태에서 내는 소리가 /f/와 /v/인데, /f/는 입김만 불어내는 무성음이고 /v/는 성대를 울려서 내는 유성음이죠. 한편 /t/와 /d/도 끝소리로 오면 그 소리가 약해져서 헷갈리기 쉬운데, 두 철자의 발음시 혀의 위치가 같기 때문입니다.

▶ /p/ vs /f/: 낚시하기(fishing)와 오줌싸기(pissing)의 차이점

part / fart   past / fast   pile / file   pull / full
pace / face   pair / fair   par / far   peel / feel

▶ /b/ vs /v/: v는 우리말의 [ㅂ]와 전혀 딴판

bury / very   bet / vet   base / vase   bow / vow
ban / van   boat / vote   best / vest

▶ /b/ vs /p/: 단어끝에 위치하면 안들려

bad / pad   best / pest   bill / pill   bit / pit
bride / pride ban / pan   tab / tap   lab / lap

▶ /t/ vs /d/: 변절되어 들리지 않는 쌍

fitting / feeding   cart / card   site / side
mate / made   letter / ladder   great / grade

slow – normal – fast의 속도로 3번 녹음되어 있습니다.

☐ keep pace with/ face an angry boss

☐ on this bill/ sleeping pills

☐ make a bet on/ have some really bad news

☐ pull yourself together/ be full of lies

☐ beautiful pair of shoes/ doesn't seem fair

☐ the bride and groom/ take pride in his work

(▷) LISTENING & REPEAT **B** 문장에서 들어보기

☐ I will **part** with you if you **fart** again in front of my friend.
내 친구 앞에서 다시 한번 독가스를 내뿜으면 너랑 헤어질테야.

☐ She was wearing a **cap** and sunglasses in the **cab**.
그 여자는 택시 안에서 야구 모자에 선글라스 차림이었다.

☐ It's not **fitting** that he is **feeding** the sharks.
그 사람이 상어에게 밥을 주는 건 적합한 일이 아니다.

☐ Anne's mother died today, I guess they'll **bury** her **very** soon. 앤네 어머니가 오늘 돌아가셨는데, 조속히 매장할 것 같아.

A: In the past, he was able to run very fast.

B: It's sad he is so old and can't do it anymore.

A: 전에는 걔가 아주 빨리 달렸지.
B: 나이가 많이 들어서 더 이상 그럴 수 없다니 안타깝다.

A: Have you looked closely at the exterior walls lately?

B: Yeah, I feel it's time for a new coat of paint. The old paint is peeling off.

A: 최근에 외벽을 유심히 본 적 있어요?
B: 네, 페인트를 새로 칠할 때가 된 것 같더라구요. 전에 칠한 페인트가 벗겨지고 있거든요.

A: I brought you the paperwork that you asked for.

B: Great. It is very important.

A: Where should I put it?

B: Put it in the piles with the other files on my desk.

A: 시키신 문서작업 가져왔어요.
B: 잘했어요. 아주 중요한 거라서요.
A: 어디다 놓을까요?
B: 내 책상 위에 다른 서류철 더미에 같이 두세요.

01

02

03

04

05

06

07

08

09

10

ANSWERS
01 make a backup of those files
02 for the past three years
03 the best part of the movie
04 feel the pain
05 I'll bet you~
06 putting pressure on
07 on the wrong side of the bed
08 be going to be great
09 learn to paint
10 that pile of paper

28 모음 구분 ①: "아" 다르고 "어" 다르다

입 모양에 주의하면서 따라해봅시다

영어 발음은, 귀에 들리는 대로 대충 따라하기보다는 입모양과 혀의 위치 등을 주의하면서 직접 발음해보는 것이 가장 중요합니다. '아 다르고 어 다르다'처럼 오해의 소지가 없을 것 같은 /ɑ/와 /ʌ/ 발음만 해도 상황에 따라서는 혼동의 소지가 다분하기 때문이죠. /ɑ/는 우리말 /아/보다 입을 크게 벌려서 내는 소리이고 /ʌ/는 /아/의 입모양을 한채 /어/ 소리를 내는 발음입니다. 다음으로 흔히 [에]와 [애]로 표기되는 /e/와 /æ/를 살펴보면, /e/는 입술을 양옆으로 한껏 잡아당겨서 내는 소리이고 /æ/는 자연스럽게 입을 좀 크게 벌려 우리말의 /애/라고 하면 됩니다.

▶ /ɑ/ vs /ʌ/: 진짜 [아] 다르고 [어] 다른 경우

sock / suck	not / nut	hog / hug
cop / cup	shot / shut	stock / stuck
lock / luck	doll / dull	fond / fund
got / gut	hobby / hubby	robber / rubber

▶ /e/ vs /æ/: 원어민의 발음을 그대로 기억하는 수밖에

bed / bad	bend / band	send / sand
set / sat	wreck / rack	then / than
ten / tan	pet / pat	end / and
pen / pan	pest / past	lend / land

slow – normal – fast의 속도로 3번 녹음되어 있습니다.

☐ go to bed/ not bad

☐ have that kind in stock/ be stuck in traffic

☐ in the end/ come and get

☐ take my sock off/ That sucks

☐ but then/ know better than

☐ lend me some money/ land a job

▶ LISTENING & REPEAT **Ⓑ 문장에서 들어보기**

☐ The odds on the **tan** horse winning are **ten** to one.
십중팔구 그 황갈색 말이 우승할 것이다.

☐ Sorry, but there are **not** any **nuts** in this house.
죄송합니다만, 여긴 견과류는 하나도 없어요.

☐ I'd like a **shot** of whiskey before you **shut** down.
가게 문 닫기 전에 위스키 한 잔만 더 할게요.

☐ The bank will **lend** me money to buy the **land.**
은행에서 대출해주면 그 땅을 살거야.

A: Excuse me, how can I get to the post office?

B: Take this road to the end, and then turn right.

A: 죄송합니다만. 우체국엔 어떻게 가나요?

B: 이 길 끝까지 가서 오른쪽으로 도세요.

A: I forgot to lock my car door, but I had good luck.

B: I think nothing was stolen, right?

A: 자동차 문을 깜빡 잊고 안 잠궜는데. 그래도 운이 좋았지 뭐예요.

B: 없어진 게 없나 보죠?

A: A policeman just came into the restaurant.

B: Why are you acting nervous?

A: Police frighten me.

B: Relax. The cop just wants a cup of coffee.

A: 경찰 한 명이 방금 식당에 들어왔어.

B: 왜 그렇게 안절부절 못 하는 거야?

A: 경찰을 보면 두려워서 말야.

B: 안심해. 저 경찰은 물 한 잔 마시려고 온 거니까.

조금 느린 속도로 녹음되어 있습니다.

01

02

03

04

05

06

07

08

09

10

ANSWERS | 01 You're not going to~   06 we got a raise
         | 02 lend me some   07 set up an appointment
         | 03 about your past   08 Good luck on~
         | 04 Okay then, and I'll~   09 call the cops
         | 05 make ends meet   10 send an email

29 모음 구분 ②: 길고 짧은 건 대어봐야 알지

장단(長短)을 맞춰 주세요

이번에는 비슷하지만 구분해야 할 모음을 정리해보기로 하죠. 그 첫 번째로 /i/와 /iː/, /u/와 /uː/같은 단모음과 장모음의 구분을 들 수 있습니다. 이론적으로는 잘 알고 있으면서도 막상 입을 열면 장음 · 단음을 내키는 대로 마구 뒤섞어 쓰는 경향이 있는데요. 제대로 구분해서 쓰지 않으면 식사 후 "배 부르다"(I'm full)라는 말이 "난 바보야"(I'm a fool)라고 들릴 수도 있으니, 우습게 볼 문제만은 아니겠죠?

▶ /i/ vs /iː/

bit / beat	dip / deep	dim / deem
fit / feet	filled / field	shit / sheet
live / leave	lick / leak	list / least
fill / feel	hit / heat	pick / peak
hill / heal	mill / meal	pill / peel
sick / seek	sit / seat	sin / seen
wick / weak	slip / sleep	rich / reach

▶ /u/ vs /uː/

| full / fool | pull / pool | foot / food |

slow − normal − fast의 속도로 3번 녹음되어 있습니다.

☐ fill it up with premium

☐ leave them on your desk

☐ at least ten people

☐ the worst heat wave

☐ feel this way

☐ live in Seoul

☐ I have a **feeling** that I should get a couple of **fillings.**
이를 두어 개 때워야 할 것 같아.

☐ I like to **dip** my feet in the **deep** end of the pool.
난 수영장 깊은 바닥에 발 담그고 있는게 좋아요.

☐ I've looked for a **seat** to **sit** on for 30 minutes.
30분간 앉을 자리를 찾고 있는 중이에요.

☐ The vegetables from his **field filled** several trucks.
그 사람 밭에서 나온 채소가 대여섯 트럭에 가득 찼다.

A: Do you like your new shoes?
B: Yes, they **fit** my **feet** very well.

A: 새로 산 신발 어때?
B: 좋아. 발에 아주 꼭 맞아.

A: Your friends said that you are going to be moving soon.
B: Yes, I'm going to **leave** this town and **live** in a different area.

A: 네 친구가 그러는데 곧 이사갈거라면서.
B: 응. 이 도시를 떠나 다른 곳에 가서 살려구.

A: I heard you joined a band.
B: That's right. I play the drums.
A: Do you have to practice a lot?
B: I'm planning to **beat** the drums for a **bit** tonight.

A: 밴드에 들었다면서.
B: 그래. 드럼을 연주해.
A: 연습 많이 해야 돼?
B: 오늘밤에 드럼을 좀 치려구.

01

02

03

04

05

06

07

08

09

10

ANSWERS
01 beat his record
02 get some food
03 hit the nail on the head
04 reach the summit
05 pull over

06 Enjoy your meal
07 sleep in separate beds
08 I'm not a fool
09 pick up the tab
10 I've ever seen

30

모음 구분 ③: bought or boat?

우리말에 없는 모음

우리말에 없는 발성법 때문에 난해한 모음 /ɔː/, /ʌ/ 등에 대해서도 정리해볼까요? 먼저 /ɔː/는 입을 /아/할 때처럼 크게 벌려주되 /오/ 소리를 내면 됩니다. /ɔː/와 흔히 헷갈리는 모음이 /ou/인데요, /ou/는 발음기호 그대로 /o/에 힘을 주어 발음한 다음 약하게 /u/소리를 갖다붙여서 소리내죠. 한편 /ʌ/ 소리는, /ɔː/처럼 입모양은 /아/로 하되 소리는 /어/를 낸다는 게 /ʌ/와 다르죠. 우리말 발음에선 /오/와 /어/가 명백히 다르지만, /ɔː/와 /ʌ/는 발성시 입모양이 같기 때문에 귀로 들어서 정확히 구별하기란 쉽지가 않습니다.

(▶) /ɔː/ vs /ou/: bought는 [보트]가 아니다

fork / folk	bought / boat	caught / coat
along / alone	haul / hole	strong / stone
song / soul	daughter / dough	called / cold
want / won't	thought / though	

(▶) /ɔː/ vs /ʌ/: 구분 포기 일보 직전 모음쌍

caught / cut	bought / but	talk / tuck

(▶) /ɔː/ vs /ə(ː)r/, /əːr /, /ɑːr / : 'r'을 잘 굴려야 들을 수 있다

walk / work	talk / turk	torn / turn
warm / worm		

slow – normal – fast의 속도로 3번 녹음되어 있습니다.

- [ ] caught a cold/ pick up my coat
- [ ] bought her a ring/ the boat cruise
- [ ] walk in the park/ work in this department
- [ ] I thought so too/ Thanks anyway, though
- [ ] I want to thank you/ I won't agree
- [ ] drink alone/ ask her to come along

- [ ] I **bought** a **boat** to go sailing next summer.
  내년 여름에 타려고 배를 한 척 샀어.

- [ ] Bill got **caught** stealing a **coat** from the store.
  빌은 가게에서 코트를 한 벌 훔치다 잡혔어.

- [ ] The number of workers who **walk** to **work** is increasing these days.
  요즘 회사에 걸어서 출근하는 직장인들이 늘고 있어.

- [ ] I brought my friend **along** because I didn't want to come **alone.**
  혼자 오기 싫어서 친구도 데려왔어.

A: What are you going to do with the garbage?

B: I'll **haul** it to a **hole** we dug in the forest.

A: 그 쓰레기들을 어떻게 할거야?

B: 숲 속에 파놓은 구덩이로 가져 갈거야.

A: Why did you want me to come here?

B: I **called** you into the kitchen because your dinner is getting **cold.**

A: 나한테 여기 오라고 한 이유가 뭐야?

B: 저녁이 식고 있어서 부엌으로 불러들인거지.

A: How come you didn't **call** me last night?

B: I didn't know that you **called.**

A: Hello! You told me you would **call.**

B: I'm sorry, but I've just been so busy!

A: 어젯밤엔 왜 전화를 안 한거니?

B: 네가 전화했는지 몰랐어.

A: 야! 전화하겠다고 한 건 너였잖아.

B: 미안해. 너무 바빠서 말이야.

01

02

03

04

05

06

07

08

09

10

ANSWERS
01 bought two TV dinners
02 I've thought about~
03 turn out
04 need to talk to him
05 work around the clock
06 If I get caught,
07 I won't talk to her
08 called you last night
09 have strong feelings for
10 cut the cake

31 닮은 구석이 있어 헛갈리는 단어들

강세받는 부분의 발음이 같으면 헛갈리죠

따로 놓고 보면 별개의 단어인데도, 접두사·접미사가 같거나 혹은 전체적인 모습이 닮아서 헛갈리는 단어들도 있습니다. 예컨대 colleague와 college처럼 ① 강세가 있는 첫부분이 똑같고 강세없는 뒷부분이 약하게 들리는 경우, 반대로 assure와 sure처럼 ② 뒷부분이 동일한데 반하여 앞부분이 약음절로 음이 죽어버리는 경우, 그리고 customs와 customer처럼 ③ 전반적으로 닮은 꼴인 경우, 얼핏 들으면 같은 단어로 혼동할 수도 있는 거죠.

▶ 똑같다가 마지막에 틀어지는 경우

statute / statue   colleague / college
parts / party   concert / concerned

▶ 뒤는 다 똑같은데 앞만 좀 달라

account / count   effective / affective
assure / sure   source / resource
research / search   nude / rude
number / lumber   furnished / finished

▶ 쌍둥이급이 아니면서 비슷하게 들리는 경우

movie / mover   customs / customer
career / Korea   principal / principle
be going to / be going

slow — normal — fast의 속도로 3번 녹음되어 있습니다.

☐ bank account/ count on me

☐ very rude to Alice/ pose nude

☐ change your career path/ work in Korea

☐ clear customs/ have more customers

☐ do some research/ search for

☐ former colleague/ college students

● LISTENING & REPEAT **B** 문장에서 들어보기

☐ Is it difficult for students in Korea to have a successful career?
한국 학생들은 성공적인 직업을 찾기가 힘든가요?

☐ The university's statutes prohibit statues from the school's campus.
그 대학에서는 교내에 조각상 세우는 걸 학칙으로 금하고 있습니다.

☐ We can count on him to manage our account.
우린 회계를 맡고 있는 그 사람을 믿어도 된다.

☐ One of my colleagues graduated from your college.
우리 동료들 중에 너희 대학 출신이 한 명 있어.

A: My nephew's birthday is next week.

B: Why don't you buy him a **story** book in the book **store?**

A: 우리 조카 생일이 다음주야.
B: 서점에 가서 이야기 책을 한 권 사주는 게 어때?

A: How are your violin lessons?

B: They are OK, but I'm **concerned** I won't be ready for my **concert.**

A: 바이올린 레슨은 잘 되어가?
B: 잘 돼. 근데 콘서트를 하기 전까지 준비가 다 될지 걱정이야.

A: I can't believe I did all that **research** for nothing!

B: The boss didn't want to see the results?

A: No, he didn't.

B: Don't worry, hard work is never wasted.

A: 세상에. 내가 한 연구가 모조리 헛수고였어!
B: 사장이 결과를 알고 싶어하지 않았어?
A: 어, 그러더라구.
B: 걱정마. 공든 탑이 어디 무너지겠어.

조금 느린 속도로 녹음되어 있습니다.

01

02

03

04

05

06

07

08

09

10

ANSWERS
01 working at the college
02 do research on the Internet
03 get it finished
04 I don't want to be rude
05 the customer service
06 the human resources
07 in my career
08 Let me make sure that~
09 come to my party
10 go to a concert

32 연음 때문에 헛갈리는 단어 · 어구들

엉뚱한 단어로 들렸다구요?

띄어읽기를 제대로 하지 않으면 '아버지가 방에 들어가신다'가 '아버지 가방에 들어가신다'로 들릴 수 있다고 하죠. 하지만 **빠르게** 말을 하다 보면 전자든 후자든 비슷하게 들리고 문맥을 통해 이를 구분할 수밖에 없습니다. 영어에서도 마찬가지입니다. 지독한 연음 현상 덕분에 두 단어가 한데 엉켜 전혀 다른 단어와 유사하게 들리는 해프닝이 발생하죠. 여기엔 어떤 규칙이라고 할만 한 건 없구요. 그저 '이렇게 들릴 수도 있구나'라는 가벼운 마음으로 살펴보자구요.

▶ 고난도 연음 구분작업

hit her / heater / hitter	specialty / special tea
buy us / buyers	print her / printer
drive away / driveway	work in / working
sell your / cellular	change is / changes
hire her / higher	is leaping / is sleeping
is sweeping / is weeping	

▶ 헤어지면 남이지

already / all ready	together / to gather
altogether / all together	

slow – normal – fast의 속도로 3번 녹음되어 있습니다.

☐ drive away / driveway   ☐ buy us / buyers

☐ sell your / cellular   ☐ already / all ready

☐ together / to gather

☐ I tried to **hit her,** but by mistake I hit the **heater** in my room.
그 여자를 때리려고 했는데 잘못 하다 내 방 난방기를 쳤다.

☐ Let's get **together to gather** fruit from the orchard.
다 같이 모여서 과수원에 과일 거두러 가자.

☐ I'll use my **printer** to **print her** a copy of the report.
내 프린터로 그 여자에게 보고서 한 부를 출력해줄거야.

☐ The **specialty** of this shop is brewing **special teas.**
이 가게는 특수한 차를 전문적으로 끓여줘요.

A: I'll drop you off at your house tonight.
B: Thanks. You can drop me off at my driveway and then drive away.

A: 내가 오늘밤에 집에 내려주고 갈게.
B: 고마워. 우리집 현관에 내려주고 가면 돼.

A: Did Susan get a new job?
B: Yes, her new company said they would hire her at a higher salary.

A: 수전은 새로 취직했어?
B: 응, 새로 들어간 회사에서 더 높은 금액에 고용하겠다고 했대.

A: It's time to start cooking dinner.
B: Is it dinner time already? Let's get our food all ready to serve.
A: What do you want to start with?
B: I think we should cook the meat first.

A: 저녁 할 때 됐어.
B: 벌써 저녁 시간이야? 다 준비해놨다가 바로 차려주자.
A: 뭐부터 할까?
B: 고기부터 요리해야 할 것 같아.

조금 느린 속도로 녹음되어 있습니다.

01

02

03

04

05

06

07

08

09

10

ANSWERS

01 work together
02 put it in your driveway
03 be still working on~
04 be all ready to go
05 pay higher prices

06 make some serious changes
07 connect the printer to the computer
08 turn down the heater
09 use your cellular
10 buy us enough time to~

CHAPTER **6**

생략에 익숙하면 영어가 편해진다

33 리스닝 공식 특강
소리대로 표기하자: 들리는 것만 적기

안들리면 빼버려요

시대 및 사회를 반영하는 언어의 속성은 「변화」라고 할 수 있죠? 그 변화의 선두에 있는 것이 바로 구어(口語)라고 할 수 있는데요. 구어의 특징은 맞춤법보다는 소리 그 자체에 초점을 맞춘다는 것입니다. 우리말에서 '없읍니다'가 발음대로 '없습니다'로 표기변경한 것처럼 영어에서도 소리나는대로 쉽게쉽게 표기하려는 경향이 있습니다. 예컨대, ~ing에서 끝자음 g나 them의 th- 등 안들리는 철자를 과감히 생략해버리는 게 그 대표적인 경우이죠.

▶ 안들리는 끝소리 없애기: ~ing ⇒ ~in'

goin'	havin'	doin'	gettin'
sleepin'	somethin'	nothin'	everythin'

▶ 안들리는 첫소리 없애기:

them ⇒ 'em, her ⇒ 'er, because ⇒ 'cause

get'em	kill'em	meet'er	love'er

'cause(= 'uz = 'oz)

slow – normal – fast의 속도로 3번 녹음되어 있습니다.

☐ What's goin' on?

☐ I got somethin' to tell'er

☐ 'cause I was

☐ I wanna see'em

☐ Please fasten your seat belt, 'cause we're goin' for a ride.
안전벨트 매요, 드라이브 갈거니까.

☐ 'Cause I don't want 'er to go through that.
왜냐면 난 그 여자가 그 일을 겪게 하고 싶지 않으니까.

☐ That's exactly why I don't watch 'em anymore.
바로 그래서 내가 그 사람들을 더 이상 안보는 거야.

☐ She's been sayin' she was goin' to go to L.A.
그 여자는 줄곧 LA에 가려고 했다고 얘기하고 있어.

A: So, why would you want to go there?

B: 'Cause I never have! That's why people go places. Isn't it?

A: 그럼. 왜 거기 가고 싶어하는 거예요?
B: 왜냐하면 한번도 가본 적이 없으니까! 그래서 여행을 다니는거 아냐?

A: These shoes are killn' my feet.

B: It will take a couple of days to break 'em in.

A: 이 신발 때문에 발이 아파 죽겠어.
B: 길들이려면 2~3일은 걸릴거야.

A: Y'know who has a great video camera?

B: Mark and Jane? Do you wanna call 'em?

A: Yeah, let's call 'em. Ask 'em if they can lend it to us.

A: 누구 고성능 비디오 카메라 가진 사람 알아?
B: 마크하고 제인? 걔들한테 전화할래?
A: 그래. 전화해서 빌려줄 수 있는지 물어봐.

조금 느린 속도로 녹음되어 있습니다.

01

02

03

04

05

06

07

08

09

10

ANSWERS

01 Are you sayin'~

02 gettin' married

03 go get'em for you

04 tell her you love 'er

05 I'm happy we're doin' this

06 Do you know anythin' about~ ?

07 meet'em at a restaurant

08 'cause it was a long time ago

09 we're havin' an exam

10 I don't want'er to

34 들리는 대로 표기하자

한 덩어리로 들리면 한 덩어리로 표기

이번에는 띄어쓰기(?)까지 무시하면서 소리나는 대로 표기한 경우입니다. 빠르게 말하다보면 둘 이상의 단어들이 한데 뭉쳐 마치 하나의 새로운 단어처럼 들리기도 하는데요, 한 덩어리로 들리는 것을 굳이 나누지 않고 한 단어처럼 붙여서 표기해버리는 것입니다. 예를 들면 going to를 gonna로, What do you를 Whaddaya로 표기하는 것처럼 말이죠. 물론 연음에 따른 발음변화를 적용한 것이지만 아직 영화나 미드 대본처럼 현장성이 강한 구어체에서나 볼 수 있는 것으로 추천서, 이력서 등 좀 점잖고 formal한 경우에는 피해야 되겠죠?

▶ 「동사 + to」의 노골적인 합체

wanna (want to)   gonna (going to)
gotta (got to)   hafta (have to)

▶ of는 어디에

outta (out of)   sorta (sort of)
a lotta (a lot of)   kinda (kind of)

▶ 축약 · 변질된 you

Dya (Do ya, Do you)   C'ya (See ya)
gotcha (got you)   Doncha (Don't you)
y'know (you know)   Whaddaya~(What do you~)

▶ 또다른 진한 합체

Lemme (Let me)   gimme (give me)
dunno (don't know)   coulda (could have)

slow - normal - fast의 속도로 3번 녹음되어 있습니다.

☐ Gimme a break! ☐ Get outta here

☐ Lemme know ☐ C'mon, hurry up!

☐ I dunno

☐ Nothing's gonna change my love

☐ I dunno what I'm gonna do. It is like a complete nightmare. 어떻게 해야할지 모르겠어. 이건 완전히 악몽같아.

☐ I don't have a lotta time right now. Why don't you stop by my office later?
당장은 시간이 별로 없어요. 나중에 사무실에 들러주실래요?

☐ Lemme tell you one thing, all right? You gotta do everything I say.
한 가지 말씀드리자면, 당신은 내가 하는 말에 모두 따라야 합니다.

☐ Excuse me, d'ya happen to know how I can find the station? 실례지만, 혹시 역으로 가는 길을 알 수 있을까요?

A: Hey, we're gonna miss the bus.

B: Don't worry, we'll make it.

A: 이봐, 그 버스 놓치겠어.
B: 걱정마, 시간 맞춰 갈 수 있을거야.

A: This is a no parking zone.

B: Gimme a break. Where else can I park?

A: 여긴 주차금지 구역이에요.
B: 한번만 봐주세요. 그럼 어디다 주차해야 하나요?

A: Mary? This is John. Can ya hear me?

B: John?

A: Good! I'm gonna ask ya a few questions now. Ya think you'll be able to answer'em?

A: 메리? 나 존이야. 들리니?
B: 존?
A: 그래! 지금 몇가지 물어보려고 하는데, 대답할 수 있겠니?

01

02

03

04

05

06

07

08

09

10

35

말 안해도 다 알아 I, You, It

누군지 꼭 말을 해야 아나요?

우리말과 달리 주어를 꼬박꼬박 챙겨주는 영어도 시대의 변화에는 어쩔 수 없는 모양입니다. 의사소통에 지장이 없는 범위 내에서는 뻔한 주어들을 과감하게 생략하고 있으니까요. 앞에 나온 말이나 상황을 지칭하는 대명사 It, 말하는 사람인 I, 듣는 상대방 You 등 굳이 말하지 않아도 알 수 있는 대상들은 부담없이 생략하고 말하는 추세죠.

▶ It 및 It's 생략하고 말하기
(It) Looks like ~ (…처럼 보이다)
(It) Won't be (없을거야)
(It's) So cool (끝내주는구만)
(It's) Raining today (오늘 비가 내린다)
(It's) Nice to meet you (만나서 반가워요)

▶ 뻔하면 나(I)도 빼
(I'll) Be right back (곧 돌아올게)
(I) Can't complain (그럭저럭 지내)
(I) Hope so (그러길 바래요)
(I) Gotta go now! (그만 가봐야겠어!)
(I) Couldn't be better (아주 좋아)

▶ 주어 You는 조동사와 함께 생략해
(Do you) Want some more? (더 먹을래?)
(Do you) Understand it? (알겠니?)
(You had) Better get used to it (거기에 익숙해지도록 해야 돼)

slow - normal - fast의 속도로 3번 녹음되어 있습니다.

☐ Want some more?　　　☐ Couldn't be better

☐ So cool　　　　　　　☐ Nice to meet you

☐ Hope so　　　　　　 ☐ Beats me

☐ Afraid not　　　　　 ☐ Gotta go now!

☐ **Sounds like** you're having trouble these days.
너 요즘 힘든 것 같은데.

☐ **Mind if** I open the window?
창문 좀 열어도 될까요?

☐ **Better** call right now, before he leaves.
그 사람이 출발하기 전에 지금 당장 전화하는 게 좋겠어요.

☐ **Be right back,** just as soon as I can find where I left my car keys.
자동차 열쇠를 어디다 뒀는지 찾으면 곧바로 돌아올게.

A: Where has Greg been all day?

B: Beats me, why don't you ask him?

A: 그렉은 하루종일 어디 있었던거야?
B: 내가 그걸 어떻게 알아. 걔한테 물어보지 그래?

A: How are you doing?

B: Couldn't be better! I finally got a date with Jane.

A: 좀 어때?
B: 최고야. 드디어 제인이랑 데이트하기로 했거든.

A: When do you want to get together to discuss the exam?

B: Doesn't matter to me.

A: How about Friday night?

B: Sounds good. Friday night it is.

A: 언제 만나서 그 시험에 대해 토의할까?
B: 나는 별로 상관없어.
A: 금요일 밤이 어때?
B: 그거 괜찮겠다. 그럼 금요일 밤이다.

조금 느린 속도로 녹음되어 있습니다.

01

02

03

04

05

06

07

08

09

10

ANSWERS

01 Be right back. Hang in there.
02 Looks like it's working.
03 Gotta run.
04 Better be off.
05 Nice meeting you

06 Mind if I ask~ ?
07 Sounds like a plan.
08 Get you some aspirin?
09 Too late for the meeting
10 Not a problem.

36 빼도 말이 되면 are, have도 빼

조동사도 뺄 수 있음 빼야죠!

주어도 빼는 판국에 본동사도 아닌 조동사를 가만둘 리가 있을까요?
특히 다른 단어들과 섞여 값어치가 떨어진 조동사들이 주된 제거 대상
으로, be 동사와 have 동사가 가장 대표적입니다. How you doing?,
You okay? 등에서 보듯 be 동사의 생략은 특히 의문문에서 두드러지
구요, have는 보통 've로 축약하지만 그마저 생략해버리기도 합니다.

▶ be 동사 빼고도 말해

(Are) You okay? (괜찮아?)

(Are) You sure about that? (그거 확실해?)

(Are) You done? (끝냈어?)

(Is) There something ~ ? (…한 게 있어)

(Is) Anybody home[(in) there]? (누구 있어요?)

▶ have 생략

How have you **been?**

→ How've you **been?**

→ How you **been?** (어떻게 지냈어요?)

I have got **to go**

→ I've got **to go**

→ I got **to go** (가봐야겠어요)

You have been **keeping busy**

→ You've been **keeping busy**

→ You been **keeping busy** (그간 계속 바빴군요)

slow – normal – fast의 속도로 3번 녹음되어 있습니다.

☐ You **done**?　　　　☐ You **okay**?

☐ How you **been**?　　☐ I got **to go**

☐ How you **doing**?　 ☐ Anybody **home**?

☐ You **up**?

☐ **You sure** you want to go there?
정말로 거기 가고 싶은거야?

☐ **I gotta** run home now because my kids will be home soon.
얼른 집에 가봐야겠어요. 아이들이 곧 올 거라서요.

☐ **You a** teacher or what?
당신이 선생이야 뭐야?

☐ **What you been** thinking about since we talked last?
지난번 우리랑 얘기한 뒤로 무슨 생각하고 있어요?

A: How you been? You look great!

B: Thanks! I'm really into health food and yoga now.

A: 어떻게 지냈어? 좋아 보이는데!
B: 고마워! 내가 요즘 건강식하고 요가에 관심이 많거든.

A: Hello? Anybody in there?

B: Hi! How are ya! Come in... come in...

A: 여보세요. 안에 누구 계세요?
B: 안녕하세요! 어떻게 지내세요! 들어오세요⋯ 들어오세요⋯

A: Hey. You okay?

B: Yeah, I'm fine.

A: You wanna talk? I mean, can I come over?

B: No! Really, please don't. I'm okay.

A: 이봐, 괜찮아?
B: 그래, 괜찮아.
A: 얘기할래? 그러니까 내가 그리로 갈까?
B: 아니! 정말 그러지 마, 괜찮아.

조금 느린 속도로 녹음되어 있습니다.

01

02

03

04

05

06

07

08

09

10

ANSWERS

01 You sure you're okay with this?
02 Anybody want a beer?
03 You done? I said, are you done!
04 Where you headed?
05 How you holding up?

06 You been here before?
07 Nobody home?
08 Nice to see you. How you doing?
09 You a nice person.
10 You okay with that?

CHAPTER **7**

수(數)가 들리면 듣기 점수는 수(秀)

37 리스닝 공식 특강
연도(Year) 및 연대 듣기

수(數) 영어에서 가장 먼저 살펴볼 내용은 연월일, 그 중에서도 연도·연대입니다. 연도는 기수로 두 자리씩 끊어 읽는 것이 기본이지만, 끝자리 두 개가 ~00으로 끝날 때는 hundred를, ~07처럼 세번째 자리에 0이 위치하면 oh라고 읽는다는 예외가 있습니다. 물론 ~000은 thousand가 되겠죠? 다음으로 10년 단위인 연대는 앞의 두 자리를 먼저 말하고 그 다음에 twenties(~20년대), thirties(~30년대)와 같이 복수로 말하면 됩니다. 단, ~10년대는 tens 보다 보통 the second decade of the 1900s(1910년대), the second decade the new century(2010년대)와 같이 표현하기도 합니다.

▶ 연도(year) 듣기

1999	one thousand nine hundred ninety-nine/ nineteen ninety-nine
1900	one thousand nine hundred, nineteen hundred
2000	two thousand
2020	two thousand twenty

▶ 연대 듣기

1920s	nineteen twenties
2000s	two thousands
2010s	twenty tens

in the early 90s   in the mid 90s   in the late 90s

slow – normal – fast의 속도로 3번 녹음되어 있습니다.

☐ 1999   ☐ 2000   ☐ 2005

☐ 2019   ☐ 2025   ☐ 1990s

☐ 2000s   ☐ 2010s

☐ in the early 90s   ☐ in the mid 90s

☐ in the late 90s

☐ He received a bachelor's degree from Yale **in the 2010s.** 그 사람은 2010년대에 예일대학에서 학사 학위를 받았다.

☐ I have tried every year since **2015** to stop smoking.
2015년 이후로 매년 담배를 끊으려고 했어.

☐ It became the center of the car industry during **the early 1990s.**
그 도시는 1990년대 초반에 자동차 산업의 중심지가 되었다.

☐ I hope I'll meet prince charming in **2020.**
2020년에는 백마 탄 왕자님을 만났으면 좋겠어.

A: How old is your father?

B: He was born in 1982.

A: 아버님 연세가 어떻게 돼?

B: 1982년에 태어나셨어.

A: When was the car purchased?

B: In the late 2010s.

A: 저 차는 언제 제작된거야?

B: 2010년대 후반에.

A: When did you graduate from university?

B: Quite some time ago!

A: Come on, be more specific.

B: In the early '90s(nineteens).

A: 대학교 언제 졸업했어요?

B: 꽤 오래됐어요!

A: 그러지 말고 좀더 정확히 얘기해주세요.

B: 90년대 초반에요.

조금 느린 속도로 녹음되어 있습니다.

01

02

03

04

05

06

07

08

09

10

ANSWERS
01 graduated from college in 2015	06 in the late 1980s(nineteen eighties)
02 started Yonsei University in 2007	07 moved in here in 2017
03 in the early '90s	08 elected in 2016
04 born in 1992	09 during the late 2000s
05 as recently as the 60s	10 since 2013

38 리스닝 공식 특강
월(Month) · 일(Date) 듣기

월, 일도 한꺼번에 듣는 훈련이 필요해요

다음으로 월일(月日)은 「month + date의 서수」(ex. November 25th) 혹은 「the + date의 서수 + of + month」(ex. the 25th of November)로 말하는 게 원칙입니다. 여기서 월(月)이야 1~12월까지 각각의 영어 단어만 익혀두니까 문제될 게 없습니다. 그에 반해 「날짜의 서수」로 말하는 일(日)은, 숫자에 익숙치 못한 사람이라면 방금 들은게 「며칠」을 가리키는지 고심(?)하다 그 다음 말들을 놓치기 십상이죠. 1~31까지의 서수에 익숙해지도록 합시다.

▶ 월(month) 듣기

January	February	March	April
May	June	July	August
September	October	November	December

▶ 일(date) 듣기

first	second	third	fourth
fifth	sixth	seventh	eighth
ninth	tenth	eleventh	twelfth
thirteenth	fourteenth	fifteenth	sixteenth
seventeenth	eighteenth	nineteenth	twentieth
twenty-first	twenty-second	twenty-third	
twenty-fourth	twenty-fifth	twenty-sixth	
twenty-seventh	twenty-eighth	twenty-ninth	
thirtieth	thirty-first		

slow – normal – fast의 속도로 3번 녹음되어 있습니다.

☐ January 1st   ☐ February 2nd

☐ March 3rd   ☐ April 4th

☐ May 5th   ☐ June 6th

☐ July 7th   ☐ August 8th

☐ September 9th   ☐ October 10th

☐ November 11th   ☐ December 12th

⊙ LISTENING & REPEAT **Ⓑ 문장에서 들어보기**

☐ Can you join the dinner party on the evening of **April 1st?**
4월 1일 저녁에 있을 만찬에 올 수 있니?

☐ Please turn in your papers no later than **August 31st.**
8월 31일까지는 서류를 제출하도록 하세요.

☐ I will be out of the country from **March 25th** to **April 2nd.**
난 3월 25일에서 4월 2일까지 외국에 나가 있을거예요.

☐ He was born in NY on **December 23rd,** 1990.
그 사람은 1990년 12월 23일에 뉴욕에서 태어났다.

A: May I change my return date to January 12th?

B: Unfortunately, there are no seats available on that day.

A: 돌아오는 날짜를 1월 12일로 변경해주시겠어요?
B: 죄송합니다만, 그 날짜엔 남은 좌석이 없습니다.

A: What are you planning to do on the 31st of December?

B: I'll get together with my friends.

A: 12월 31일날 뭐 할거야?
B: 친구들이랑 뭉칠거야.

A: I'd like to make a reservation, and I need to leave June 30(th).

B: When do you want to return?

A: I need to be back in New York to catch an international flight on July 3(rd) at 4:00 p.m.

B: Do you have a preference for a particular airline?

A: 예약을 좀 하려는데요. 6월 30일에 떠나려구요.
B: 언제 돌아오실 예정인가요?
A: 7월 3일 오후 4시에 뉴욕으로 돌아와서 국제선을 타야 합니다.
B: 특별히 원하는 항공사가 있나요?

조금 느린 속도로 녹음되어 있습니다.

01

02

03

04

05

06

07

08

09

10

39

전화번호 및 주소 듣기

주소와 전화번호

사실 일상에서 년월일보다 훨씬 더 자주 접하는 수(數)가 전화번호, 그리고 주소입니다. 전화번호는 원래 숫자를 하나씩 기수로 읽어주는 게 원칙인데요, 0은 zero보다는 oh라고 하고 ~00은 대개 hundred, ~000은 thousand라고 하죠. 한편 주소의 경우에는 우리와 반대로 읽어나간다는 사실과 함께, 특히 번지수(연도처럼 두 자리씩 끊어서)와 우편번호(전화번호처럼 개별적으로 혹은 두 자리씩 끊어서)를 어떻게 읽는지 잘 들어둬야 합니다.

▶ 전화번호(telephone) 듣기 *oh = zero

010-3794-5450 : oh one oh three seven nine four five four five oh
010-3702-8881 : oh one oh three seven oh two triple eight one

▶ 주소(address) 듣기

The White House, **1600** **Pennsylvania Avenue NW,**
  건물 이름   번지수   거리명   주명

Washington DC **20500**
    도시명   우편번호

우편번호(zip code) : Beverly Hills 90210 (nine oh two one oh)
번지수 : 1600 (sixteen hundred) Pennsylvania Avenue

▶ 이메일, 인스타계정 듣기

help@mentors114.co.kr : h, e, l, p, at mentors114, dot, c, o, dot, k, r
My Instagram account is @spleeper5001

slow - normal - fast의 속도로 3번 녹음되어 있습니다.

☐ 010-3768-7068   ☐ 010-3702-8881

☐ 010-3794-5450   ☐ sillage@nate.com

☐ sleeper_5001@gmail.com

☐ mentorsbook@naver.com

☐ 25 Broadway, New York, NY 10004-1010

▶ LISTENING & REPEAT **Ⓑ 문장에서 들어보기**

☐ Give me a call at 010-3794-5450 as soon as you can. 010-3794-5450으로 가능한 한 빨리 전화주세요.

☐ Please send it to 28 Hillcrest Avenue, Florham Park, New Jersey.
그걸 뉴저지주 플로램 파크시 힐크레스트 가(街) 28번지로 보내주세요.

☐ Antonio's Pizza is really good. Their number is 967-1111. 앤토니오 피자가 아주 맛있어요. 전화번호는 967-1111입니다.

☐ Let's keep in touch. My e-mail address is sillage@nate.com.
계속 연락하고 지내자. 내 이메일 주소는 sillage@nate.com이야.

A: Do you have an office telephone number?

B: Yes, but my cell phone is easier to reach. It's 010-3794-5450.

A: 사무실에 전화 있죠?
B: 네. 근데 휴대폰으로 하시는 게 더 편할거예요. 010-3794-5450입니다.

A: My address is 1243 Smith Avenue, Suite #3, Manhattan, NY.

B: Do you know your ZIP code?

A: Sure, it's 10019.

A: 제 주소는 뉴욕시, 맨하탄, 스미스가 1243번지 3호입니다.
B: 우편번호를 아십니까?
A: 네. 10019입니다.

A: Can you contact me later this week?

B: Sure. How can I reach you?

A: My Instagram is @sleeper5001 and my cell phone number is 010-3794-5450.

B: Great, I'll get in touch with you on Wednesday.

A: 이번 주중에 연락할래?
B: 그래. 어디로 연락하면 돼?
A: 내 인스타계정은 @sleeper5001이고 휴대폰은 010-3794-5450이야.
B: 그래. 수요일에 연락할게.

조금 느린 속도로 녹음되어 있습니다.

01

02

03

04

05

06

07

08

09

10

ANSWERS

01 My facebook account is https://www.facebook.com/AngelWorth.

02 My Kakao account is sillage@nate.com

03 My Twitter account is markpics@twitter.com

04 My Instagram account is @chris_suh1_mentors.

05 Your cell phone is 010-3702-8881, right?

06 Here's my cell phone number: 010-3794-5450.

07 Email me at sillage@nate.com.

08 My email address is sleeper5001@gmail.com.

09 Hit me up on Facebook. It's https://www.facebook.com/Frogman77.

10 It's 010-3794-5450.

돈은 벌기만큼 듣기도 어려워

돈, 뭘 알아야 벌죠

요즘 사람들이 제일 좋아하는 건 머니머니 해도 "돈"일텐데요. 「적을 알고 나를 알면 백전백승」이라는 말도 있듯 그 좋아하는 돈을 맘껏 벌어보려면 제대로 알아듣고 말할 수 있어야 하지 않겠어요? 먼저 미국 화폐단위를 알아보고 구체적인 액수를 읽는 법을 정리하기로 하죠.

▶ 미국 화폐의 단위

coins:	one dollar = 100 cents	half dollar = 50 cents
	quarter = 25 cents	dime = 10 cents
bills:	one-dollar bill / single	two-dollar bill
	five-dollar bill	ten-dollar bill
	hundred-dollar bill / C-note	

▶ 본격 돈 말하기

$1:	a[one] dollar
$3:	three dollars / three bucks
$9.23:	nine twenty-three / nine dollars and twenty-three cents
$11.03:	eleven oh three / eleven dollars and three cents
$3,000:	three thousand dollars / three grand
$7.5 million:	seven point five million (dollars) / seven and a half million dollars
$5 billion:	five billion dollars

조금 느린 속도로 녹음되어 있습니다.

01

02

03

04

05

06

07

08

09

10

ANSWERS
01 It's 37º(thirty-seven degrees) celsius   02 It's twelve o'clock.
03 wear size 9 1/2(nine and a half)
04 saved three times as much as I did last year
05 it's about 4.5[four point five] meters long
06 got a score of 90.5(Ninety point five) percent
07 the stock market has dropped by 5 points since it opened this morning.
08 It must be 40 degrees
09 I listen to 88.1(eighty-eight point one) FM radio.
10 I'm getting 6 3/4(six and three quarters) percent.

42 리스닝 공식 특강
영어로 듣는 스포츠 경기 결과

승부 세계 속의 수

답답하고 지루한 일상에 유일한 활력소가 되어주는 스포츠, 이 스포츠도 결국은 숫자 싸움이라고 할 수 있습니다. 승부를 가르는 점수 차는 전치사 by를 이용해서 by 2 points와 같이 표현하고 3:0 등과 같이 '몇 대 몇'이라고 할 때는 to를 이용해서 three to oh 또는 three to nothing[nought]과 같이 표현합니다. 이겼을 때는 beat, win, defeat 등과 같은 동사를, 졌을 때는 lose, be defeated 등의 동사를 쓰고 비겼을 때는 The game ended in a tie 4-4[four all]이라고 하죠.

▶ 게임을 이겼을 때

The Boston Red Sox beat the New York Yankees by a score of 10 to 3.(ten to three)
The Bears defeated the Raiders (by a score of) 42 to 7.
The Blue Jays won 5 to 3.

▶ 게임에 졌을 때

The Mariners were defeated by the Yankees in overtime by a score of 1 to 0.(one to zero, one to nothing)
The Giants lost the game by a score of 3 to 2.

▶ 아직 게임은 끝나지 않았다!

We're winning by three goals.
We are down 2 to 3.
The Bulls are leading by eight points.

slow – normal – fast의 속도로 3번 녹음되어 있습니다.

☐ beat the Dodgers 5 to 4

☐ beat them by a score of 3 to 2

☐ lost by 3 goals

☐ leading by 5 points

☐ **The Bulls are leading by 8 points now.**
지금 불스가 8점 차이로 앞서고 있다.

☐ **Italy was leading 2:0 early in the game,** but
Germany beat them .
이탈리아가 경기 초반에 2:0으로 앞서 나갔지만 독일이 4:2로 이탈리아를 물리쳤다.

☐ **Tiger Woods shot 7 under par in the fourth round.**
타이거 우즈가 4라운드에서 7언더파를 쳤다.

☐ **Cody Bellinger led the Dodgers in their 5:2
defeat of the Yankees.**
코디 벨린저는 다저스 팀을 이끌어 양키스 팀을 5:2로 무찔렀다.

A: You should have seen Clayton Kershaw play last night.

B: I can imagine! What was the final score?

A: Dodgers **by five.**

A: 어젯밤에 클레이튼 커쇼가 경기하는 것을 봤어야 하는데.
B: 알만해! 최종 점수는?
A: 다저스가 5점차로 이겼어.

A: Did you see the 400m relay in Paris?

B: Yeah, England's team kicked butt and **placed first.**

A: 파리에서 열린 400미터 계주경기 봤어?
B: 응, 잉글랜드 팀이 발에 땀나도록 뛰더니 일등을 차지했어.

A: This game is so exciting. You missed a lot while you were gone.

B: What's the score?

A: **It's tied 82:82.** I can't believe it!

A: 이 경기는 정말 흥미진진하네요. 자리를 뜬 사이 재미있는 장면을 많이 놓쳤어요.
B: 몇대 몇이에요?
A: 78대 78 동점이에요. 믿을 수가 없네요!

조금 느린 속도로 녹음되어 있습니다.

01

02

03

04

05

06

07

08

09

10

ANSWERS

01 the Tottenham won five to three
02 the Liverpool crushed Manchester United by a score of five to zero
03 We're winning by two goals.
04 beat the Flames five to four.
05 The Bulls are leading by eight points.

06 The Red Sox is leading by two points
07 The Yankees lost five to three.
08 They won by 3 points
09 They were ahead at halftime
10 5:4(five four) with 5 minutes to go

CHAPTER 8

얼렁뚱땅 발음하면 낭패 본다

43 미국 사람이름은 미국식으로

미국인의 성(姓)과 이름도 미국식으로

매일 TV를 켜고 신문을 보면 전세계적인 영향력을 가진 美정계, 재계의 거물급 인사들과 헐리웃 스타들이 하루가 멀다하고 등장합니다. 이들 외국인 이름의 표기는, 물론 최근에는 실제 발음에 근거한 표기를 선호하지만 Madonna에서 보듯 '마돈나'라고 표기해 왔기 때문에 원어민이 [머다나]라고 발음했을 때 우리는 당황할 수밖에 없었죠. 하지만 외국인과의 접촉이 (조금 과장하자면) 일상이 되어버린 요즘, 유명인 이름 혹은 상대방 이름 정도는 원음으로 발음할 줄 아는 세계인(?)이 되어야겠죠?

▶ 유명인의 성(姓)과 이름

Jeff Bezos	Britney Spears
Clayton Kershaw	Emilia Clarke
Cristiano Ronaldo	Lionel Messi
Courtney Cox	Angelina Jolie
Donald Trump	Oprah Winfrey
Stephen King	Santa Claus
Andrew Lloyd Webber	Jennifer Aniston
Tom Cruise	Eva Green
Brad Pitt	Jennifer Lopez
George R. R. Martin	Warren Buffett
Mark Zuckerberg	Kiefer Sutherland
Sarah Jessica Parker	Cody Bellinger

slow – normal – fast의 속도로 3번 녹음되어 있습니다.

☐ Sarah Jessica Parker   ☐ Britney Spears

☐ Freddie Mercury   ☐ Madonna

☐ Tom Cruise   ☐ Nicole Kidman

☐ Jennifer Aniston   ☐ Reese Witherspoon

☐ Marilyn Manson

⏵ LISTENING & REPEAT **Ⓑ 문장에서 들어보기**

☐ My friend Billy is a big fan of **Emilia Clarke** - he fell in love with her after seeing her in *Game of Thrones*.
내 친구 빌리는 에밀리아 클라크의 열혈팬이야. 〈왕좌의 게임〉에서 그녀를 본 이후로 완전히 푹 빠져버렸지.

☐ Novels by **Stephen** have captured the interest of many readers who enjoy thrilling or scary stories.
스티븐의 소설은 스릴러 및 괴기소설을 좋아하는 많은 독자들의 관심을 사로잡았어.

☐ **Oprah Winfrey** has been declared by *Time* to be one of the nation's most influential persons.
타임誌는 오프라 윈프리를 미국에서 가장 영향력있는 인물 중 한 명으로 선정했다.

☐ **Sarah Jessica Parker** starred in *Sex and the City* as Carrie. 새러 제시카 파커는 「섹스앤더시티」에서 캐리로 나왔다.

A: Julie, who's your favorite actor?

B: Well, I really like Jim Parsons. Do you know who I mean?

A: Yeah. He's pretty good in the sitcom *The Big Bang Theory.*

A: 줄리, 제일 좋아하는 배우가 누구야?
B: 글쎄, 짐 파슨스를 좋아해. 누구 말하는지 알지?
A: 그럼. 시트콤 「빅뱅이론」에서 아주 좋았어.

A: Do you think the Korean economy will turn around next year?

B: That's a question that even Jerome Powell can't answer!

A: 내년에는 한국 경제가 회복될까?
B: 그건 미연준의장인 제롬 파웰도 정확히 대답할 수 없는 질문이라구!

A: Do you like Keanu Reeves?

B: Yeah, he's a talented actor.

A: Have you seen his movie, *John Wick?*

B: No, it didn't sound very interesting.

A: 키아누 리브스 좋아하니?   B: 응, 타고난 배우잖아.
A: 그럼 키아누 리부스가 출연한 〈존 윅〉이란 영화봤어?
B: 아니, 그리 재밌을 것 같지 않아서.

조금 느린 속도로 녹음되어 있습니다.

01

02

03

04

05

06

07

08

09

10

ANSWERS
01 Emilia Clarke is an English actress   02 Amazon founder Jeff Bezos and his ex-wife,
03 Clayton Kershaw is an American professional baseball pitcher,
04 Angelina Jolie is an Academy Award-winning actress,
05 President Donald Trump is running both a personal and an official Twitter account.
06 Nicole Kidman is an Australian-American actress and producer.
07 Game of Thrones star Kit Harington is back to living life as usual in London
08 Jim Parsons is known for playing Sheldon Cooper in the sitcom The Big Bang Theory.
09 Mark Zuckerberg is co-founder and CEO of the social-networking website Facebook.
10 Cristiano Ronaldo disappointed Korean fans by sitting on the bench throughout the match.

44 음식영어는 넘 어려워

음식 주문 한번 하기 정말 힘들죠?

외국에 나가 음식을 주문하려면 진땀 빼는 경우가 많습니다. 식당 표현에 약해서이기도 하지만 가장 기본적인 음식이름을 잘 알지 못하고 또 안다고 해도 실제의 원음에 익숙하지 않기 때문입니다. 특히 음식하나만 알아도 해결되는 우리와는 달리 요리법에서부터 각종 소스 등 다양함을 특징으로 하는 음식영어에 익숙해지려면 먼저 자주 쓰이는 단어들의 강세와 억양 그리고 발음을 원음식으로 익혀두어야 합니다. 주린 배를 움켜쥐고 밤거리를 헤매는 서러움(?)을 겪지 않으려면 말이죠…

▶ **재료**

salmon [sǽmən] 연어   lettuce [létis] 상추
garlic [gáːrlik] 마늘   pickle [píkl] 절인야채
filet mignon [filét mínjòn] 소등심살
dairy product [dɛ́(:)əri prɔ́dʌkt] 유제품

▶ **요리 종류**

appetizer [ǽpətàizər] 전채   entrée [ɔ́ntrei] 주요리
croissant [krwɑːsáːŋ] 크루아상   soda [sóudə] 탄산소다
chef's suggestion [ʃefs sədʒésʧən] 주방장 특별요리

▶ **기타 음식 관련 용어**

recipe [résipi] 조리법   cuisine [kwizíːn] 요리
gourmet [gúərmei] 미식가,고급의 well-done [wel dʌn] 다 익힌
spicy [spáisi] 매운   grill [gril] 굽다
cafeteria [kæ̀fətíəriə] 셀프서비스식 식당

slow – normal – fast의 속도로 3번 녹음되어 있습니다.

☐ **have** the smoked salmon

☐ **stop off at** the Korean delicatessen

☐ **figure out** the recipe

☐ **bring** an appetizer

☐ **take** a drink of the soda

☐ this sauce is so spicy

☐ **In Paris, I used to eat a freshly-baked baguette every morning.**
파리에서는 매일 아침 갓 구워낸 바게트를 먹곤 했었지.

☐ **The most important ingredient in a salad is lots of fresh lettuce.**
샐러드의 가장 중요한 재료는 신선한 양상치를 많이 넣는 거야.

☐ **On special occasions, we go out to a gourmet Italian restaurant.**
특별한 날이면 우린 고급 이태리 레스토랑에 간다구.

☐ **Jim will only eat steak that's cooked medium-rare.**
짐은 적당히 덜 익힌 스테이크만 먹으려고 해.

A: What would you recommend as **an appetizer?**
B: Personally, I enjoy **the fish sticks.**

A: 애피타이저로 뭘 추천해 주시겠어요?
B: 저 개인적으론, 피시 스틱을 즐기는 편이죠.

A: How would you like your steak, ma'am?
B: I would like it **well-done,** please.
A: Would you care for another drink before your meal?

A: 스테이크를 어떻게 해드릴까요?
B: 완전히 익혀주세요.
A: 식사 전에 음료수 한 잔 더 드시겠습니까?

A: Where do I get a plate for my food?
B: They are to the left of **the buffet table.**
A: Are **drinks** included in the price?
B: I'm sorry, they're not.

A: 음식 담을 접시는 어디 있어요?
B: 뷔페 탁자 왼쪽에 있어요.
A: 음료도 가격에 포함된 건가요?
B: 아니요.

01

02

03

04

05

06

07

08

09

10

ANSWERS

01 pass me the pepper
02 have a bowl of cereal
03 Make mine well-done
04 create new recipes
05 Would you like an appetizer?

06 have a scotch and soda
07 eat garlic before dating
08 like the taste of lettuce
09 want a beverage
10 Would you care for dessert?

45

나만 모르면 약오르는 약어

약어를 읽는 두 가지 방법

영어에서 약어는 크게 두 가지로 나눌 수가 있는데요, exam (examination)처럼 단어의 앞머리만 뚝 자른 경우와 CEO(chief executive officer)처럼 각 단어의 첫철자를 딴 경우가 그것입니다. 이 약어들은, 철자별로 하나씩 끊어 읽기도 하고 전체를 하나의 단어처럼 읽기도 하죠. 단어의 일부를 자른 약어는 한단어처럼 읽는 것 (temp)이 보통이지만, 단어 첫철자를 따온 약어(CEO, AIDS)는 두 가지 방법을 혼용하고 있습니다. 후자의 경우 어느 쪽을 선택할 것인가에 대한 기준이 명확하지 않기 때문에, 각각의 경우를 익혀두는 것이 최선이겠죠.

▶ **철자를 하나하나 끊어 읽는 약어**

aka (일명 …라고도 하는) ⇒ also known as
ASAP (가능한 한 빨리) ⇒ as soon as possible
FYI (참고로 말하자면) ⇒ for your information
B&B (민박집) ⇒ bed and breakfast
CPA (공인회계사) ⇒ certified public accountant
SAT (미대학진학 적성시험) ⇒ Scholastic Aptitude Test
MVP (최우수 선수) ⇒ most valuable player

▶ **전체를 하나의 단어처럼 읽는 약어**

gym (체육관) ⇒ gymnasium
math (수학) ⇒ mathematics
vet (수의사, 재향군인) ⇒ veterinarian / veteran
temp (임시직 직원) ⇒ temporary worker

slow - normal - fast의 속도로 3번 녹음되어 있습니다.

☐ finish the report ASAP

☐ the next CEO of the company

☐ make fake IDs

☐ go to the gym

☐ fail the exam

☐ go with your math teacher

☐ When I got my driver's license, my dad gave me his **AAA** card.
내가 운전면허를 따자 우리 아빠는 全美 자동차협회 카드를 주셨어.

☐ The deadline is approaching, please respond to this **ASAP.**
마감일이 코앞에 닥쳤으니 가능한 한 빨리 답해주세요.

☐ Just **FYI,** the new president has a very bad reputation.
참고로 말씀드리는 건데, 신임 사장은 악명이 자자합니다.

A: Are there any good sitcoms on Sunday night?

B: Not really. Most TV shows are variety programs.

A: 일요일 밤에 볼 만한 재밌는 시트콤이 있나요?
B: 글쎄요. 대개가 버라이어티 쇼들이에요.

A: Korean golfers are becoming more prominent on the LPGA tour.

B: Does that mean golf is a popular sport in Korea?

A: 한국 골프 선수들은 LPGA 투어에서 점점 더 유명하지고 있어.
B: 그럼 한국에서는 사람들이 골프를 좋아한다는 말이니?

A: Many bars will not serve alcohol to people younger than 21.

B: How do they check people's ages?

A: They usually ask for ID like a driver's license.

B: Ah, that's a good idea.

A: 21세 미만에겐 술을 팔지 않는 술집들이 많아.
B: 손님들 나이를 어떻게 확인하는데?
A: 보통 운전 면허증 같은 신분증을 요구하지.
B: 아, 그러면 되는구나.

01

02

03

04

05

06

07

08

09

10

ANSWERS
01 pass the math exam
02 discuss R&D funding
03 It's an IQ test
04 get the perm
05 be a trainer at the gym
06 be a temp nurse
07 during the exam
08 have detailed photos of~
09 I am a vet too
10 What happens if we forget our ID?

46 리스닝 공식 특강
원어로 듣는 영화 및 팝송 제목

유명한 팝송, 그리고 영화 제목 정도는 알아두세요

일반인들이 가장 쉽게 즐길 수 있는 예술 장르라면 영화와 미드, 그리고 팝송을 꼽을 수 있죠. 그만큼 이야기의 소재로도 자주 등장하는데요, 영화나 미드, 팝송의 영어 제목을 제대로 알지 못한다면 이야기의 흐름은 끊기고 말 것입니다. 자기가 좋아하는 영화제목, 미드제목, 팝송제목 정도는 영어식으로 익혀둡시다.

▶ 미국영화제목은 미국식으로

Game of Thrones

Sex and the City

The Big Bang Theory

Avengers: Endgame

La La Land

About Time

The Notebook

The Phantom of the Opera

The Walking Dead

Breaking Bad

Westworld

The Bohemian Rhapsody

Me Before You

Love Actually

Friends With Benefits

▶ 팝송제목도 영어식으로

Hotel California

We Will Rock You

The Music of the Night

Sweet Dreams

Stairway to Heaven

Ode to My Family

We Are the Champions

Shape of My Heart

The Point of No Return

Holding Out for A Hero

Billie Jean

Cell Block Tango

slow – normal – fast의 속도로 3번 녹음되어 있습니다.

☐ HBO's *Game of Thrones* finally came to an end.

☐ *Kill This Love* is the fastest music video to hit 100 million views.

☐ *La La Land* is a 2016 American romantic comedy-drama musical film.

☐ *The Phantom of the Opera* is a musical with music by Andrew Lloyd Webber.

☐ My favorite TV show is *<Game of Thrones>*, starring Emilia Clarke.
내가 가장 좋아하는 드라마는 에밀리아 클라크 주연의 〈왕좌의 게임〉야.

☐ Emma Stone and Ryan Gosling star as an actress and a musician chasing their dreams in *<La La Land>*.
〈라라랜드〉에서 엠마 스톤과 라이언 고슬링은 꿈을 쫓는 여배우와 음악가로 연기한다.

☐ The Beatles' smash hit *Let It Be* was hugely popular when it was first released.
비틀즈의 대히트곡인 〈렛잇비〉는 처음 발매되었을 때 어마어마하게 인기를 끌었어.

A: I watched *The Phantom of the Opera* yesterday. Did you see it?

B: I've heard about it, but I haven't seen it yet. How was it?

A: 어제 『오페라의 유령』 봤어. 넌 봤니?
B: 들어는 봤는데, 아직 못봤어. 어땠어?

A: Did you hear that *Britney Spears* got married again?

B: Is that the singer who sang *Toxic?*

A: 브리트니 스피어스가 또 결혼했다던데?
B: Toxic을 불렀던 가수?

A: Would you like to go and see the new **Ann Hathaway** movie?

B: No thanks. I heard it's a total chick flick.

A: A chick flick? What's that?

B: That's a movie which women generally enjoy but men don't.

A: 앤 해서웨이가 나오는 신작 영화 보러갈래?
B: 됐어. 완전히 여자애들 영화라고 하던걸.   A: 여자애들 영화? 그게 뭔데?
B: 여자들은 다들 재미있어 하는데 남자들은 안좋아하는 그런 영화 말야.

01

02

03

04

05

06

07

08

09

10

ANSWERS
01 The Big Bang Theory is an American television sitcom.
02 In Me Before You, Emilia Clarke forms an unlikely bond with a recently-paralyzed man.
03 The Phantom of the Opera is a novel by French writer Gaston Leroux.
04 Cell Block Tango Lyrics: And now, the six married murderesses of the Cook County Jail.
05 Game of Thrones season 8, episode 6 marked the series finale of the HBO fantasy drama.
06 The Lion King is a 2019 American computer-animated musical film.
07 Avengers: Endgame was filmed with IMAX cameras.
08 Breaking Bad is an American television drama series.
09 Designated Survivor is an American political thriller drama television series.
10 Shape of My Heart is a song by English musician Sting.

47 나라이름, 미국의 주(州), 도시 이름

나라이름, 미국의 주(州)·도시 이름도 익혀둬야

세계화·국제화라는 단어조차 옛말이 된 요즘에는, 해외출장이나 해외여행이 더 이상 특별한 일이 아니죠. 외국으로 나갈 기회가 많아진 만큼 국가명, 도시명 정도는 영어로 알아듣고 말하는 능력은 기본입니다. 세계 각국 및 주요도시 그리고 미국의 주와 도시명의 영어식 발음을 보고 듣고 말해봅시다.

▶ 대륙 및 나라이름: 주요국가의 영어식 발음 숙지

The United States	Japan	China
Canada	Asia	Australia	Russia
India	Mexico	Argentina	Belgium
Europe	France	Germany	Israel
Italy	Thailand	Netherlands

▶ 도시: 미국지역 외 도시명

Seoul	Tokyo	Beijing	Hong Kong
Toronto	Moscow	Bangkok	Berlin
Madrid	Paris	Rome	Sydney

▶ 도시: 미국의 주(州) 및 도시

Las Vegas	Washington	California	Boston
Miami	Florida	Seattle	Los Angeles
Anchorage	Arizona	Arkansas	Atlanta
Cleveland	Colorado	Dallas	Detroit
Michigan	New Jersey	Oregon	Philadelphia

slow – normal – fast의 속도로 3번 녹음되어 있습니다.

☐ go to Paris this summer

☐ on your business trip to Rome

☐ be in East LA

☐ be back from China on Thursday

☐ Don't go to Japan

☐ bring Chinese food

☐ He wants to leave for **Las Vegas** before you change your mind.
그 사람은 네 마음이 바뀌기 전에 라스베가스로 떠나고 싶어해.

☐ I'd like to expand the company into the **Asian** market.
우리 회사를 아시아 시장으로 확장시키고 싶어요.

☐ I'm hoping to get to **Italy** in March.
3월에 이태리에 가려고 해요.

☐ Apparently he's booked a hotel somewhere in **Manhattan.**
그 사람은 분명히 맨하탄 어딘가의 호텔에 예약했어.

A: How may I help you?

B: I'd like to change my flight to Paris.

A: 어떻게 도와드릴까요?
B: 제 파리행 티켓을 바꾸려구요.

A: Will you be joining our trip to Mexico this spring?

B: I'm not sure. My money is low, but I'll let you know if I can.

A: 올봄에 멕시코 여행 같이 갈래요?
B: 잘 모르겠어요. 돈이 좀 딸려서요. 만일에 갈 수 있으면 말해줄게요.

A: I'd like to make a flight reservation.

B: Where are you departing from?

A: I am leaving from New York and I need to fly to Miami.

B: What is the date of your departure?

A: 비행기 예약을 좀 했으면 하는데요.
B: 어디에서 출발하신 건가요?
A: 뉴욕에서 출발해서 마이애미로 가야 합니다.
B: 출발 날짜는요?

조금 느린 속도로 녹음되어 있습니다.

01

02

03

04

05

06

07

08

09

10

ANSWERS
01 be going to leave for Canada
02 go to India during my vacation
03 I'm from China
04 born and raised in Seoul
05 got his first contract in Germany
06 How's your son doing over in Japan?
07 I live and work in Korea
08 be held at the Waldorf Astoria in New York
09 stay in Boston for a few more days
10 book a ticket to Miami for the conference

48 기타 자주 듣는 미국의 고유 명사들

이런 고유명사들도 함께 익혀두세요

그 밖에도 큰 건물이나 거리명, 유명한 축제 또는 행사, 세계 굴지의 회사명 등은 외국인과의 대화시 한번쯤 나올 만한 고유명사입니다. 사람들 입에 특히 자주 오르내리는 고유명사들의 발음을 잘 익혀두면, 똑같은 대상을 놓고 서로 딴소리 하느라 그 확인작업(?)에 진을 빼고 정작 대화의 본론엔 들어가보지도 못하는 불상사는 없을 것입니다.

▶ 호텔 및 빌딩 이름

Empire State Bldg.	Four Seasons
Inter-Continental	Marriot
Statue of Liberty	Waldorf Astoria

▶ 거리 · 공원 · 호수 · 백화점

Bloomingdale's	Broadway
Central Park	Madison Avenue
Niagara Falls	Times Square

▶ 주요 회사 및 상품명

Audi	Cadillac	Chevrolet
Goldman Sachs	Fedex	Gillette
McDonald's	Xerox	Google

▶ 축제 · 상 · 병 및 기타

Academy Awards	Alzheimer's disease	
Billboard Chart	Dow Jones	Nasdaq

slow – normal – fast의 속도로 3번 녹음되어 있습니다.

☐ Which way is the Sears Tower?

☐ Shop Bloomingdale's online for

☐ Shop for men's clothing online at saks.com

☐ like to eat at McDonald's

☐ If you take the Staten Island Ferry from Manhattan, you'll get a chance to see the Statue of Liberty up close.
맨해튼에서 스탠튼 아일런드 페리호를 타고 가면 자유의 여신상을 가까이서 볼 수 있을거야.

☐ When I visited New York City, I stayed in the Waldorf Astoria hotel.
뉴욕시에 갔을 때 월도프 애스토리아 호텔에 묵었어.

☐ The Dow Jones dropped 100 points yesterday.
다우존스 주가지수가 어제 100포인트 떨어졌다.

A: Do you think there is a department store near our hotel?

B: Yes, there is one called Bloomingdale's.

A: 호텔 근처에 백화점이 있을려나?
B: 응, 블루밍데일스가 있어.

A: Would you like to go out to lunch with me?

B: Sure. Do you like to eat at McDonald's?

A: 나랑 점심 먹으러 나갈래?
B: 그래. 맥다널즈에서 먹을래?

A: How can I help you?

B: I was told to hand these forms in at this counter and register for an interview.

A: What's your present address in New York?

B: Actually, I'm staying at the Waldorf Astoria for the time being.

A: 무슨 일이시죠?
B: 이 신청 서류들을 여기 제출하고 인터뷰 등록을 하라고 하던데요.
A: 뉴욕의 현재 주소가 어디죠?
B: 실은, 당분간 월도프 애스토리아 호텔에 머물고 있습니다.

01

02

03

04

05

06

07

08

09

10

ANSWERS
01 Saks Fifth Avenue is an American chain of luxury department stores
02 Visit the main site for Four Seasons Hotels.
03 Times Square is a square in Midtown Manhattan, New York City
04 Let's stop at McDonald's   05 check the Dow Jones Average
06 I heard Wall Street took another hit today.
07 be going to get a new Audi A6   08 She's got Alzheimer's disease.
09 have a drive-in bank at 42nd St. and Broadway that's open 24 hours.
10 K-pop phenomenon BTS' new song "Idol" placed 81st on the Billboard Hot 100 singles chart
   this week.

49 잘못 발음하면 개망신 당하는 단어들

이런 단어 조심합시다

주변에 보면 얼굴 생김새와는 전혀 어울리지 않는 목소리의 소유자들이 가끔 있습니다. 영어단어의 경우에서도 철자만 보고 무심코 발음했다가는 망신당하기 "딱" 좋은 단어들이 있죠. 주로 두 가지의 경우에서 그런데요. 첫번째는 archive(기록보관소)처럼 낯선 단어의 경우로 상식(?)을 적용해 [어차이브]로 발음하게 되지만 실제로는 [아카이브]로 발음되는 경우입니다. 또 하나는 이미 알고 있다고 자신하는 단어들을 엉뚱하게 발음해 아주 개망신당하는 경우입니다. colonel[커늘]을 [컬러넬]로, tongue[텅]을 [텅그]처럼 발음해서 말이죠. 자 이제부터 잘못 발음하기 쉬운 단어들을 일목요연하게 정리해서 망신살에서 벗어나봅시다.

▶ 잘못 발음해 망신당하기 쉬운 단어들

archive[ɑ́:rkaiv] 기록보관소　　arrears[əríərz] 연체금

colonel[kə́:rnəl] 대령　　corps[kɔːr] 부대

diabetic[dàiəbétik] 당뇨병의　　gigantic[dʒaigǽntik] 거인같은

indict[indáit] 기소하다　　itinerary[aitínərəri] 여행일정 계획서

juvenile[dʒúːvənàil] 소년[소녀]의　　plow[plau] 쟁기

queue[kjuː] 열, 줄　　realtor[ríːəltər] 부동산 중개업자

suite[swiːt] 호텔·사무실 등의 스위트룸

tongue[tʌŋ] 혀

unanimous[juːnǽnəməs] 만장일치의

valet[vǽlei] 시종, 호텔보이　　trivia[tríviə] 토막상식

slow – normal – fast의 속도로 3번 녹음되어 있습니다.

☐ stay in a suite during business

☐ get enough to indict him

☐ on the tip of my tongue

☐ the realtor that helped you buy this house

☐ reach a unanimous verdict

☐ the Marine Corps

☐ I talked to **the realtor** about the proposed bid.
부동산 중개업자와 제시된 가격에 대해 얘기했다.

☐ Jim made **the colonel** really angry by dating his daughter.
짐은 대령의 딸과 데이트해서 대령을 무지 화나게 만들었다.

☐ Has the travel agent faxed us **the itinerary** for our trip to London?
여행사에서 런던 여행 일정표를 팩스로 보냈나요?

☐ The newlyweds spent their honeymoon in the **bridal suite.**
그 신혼부부는 신혼여행을 스위트 룸에서 보냈다.

A: Where can I find information about investing money?

B: Look in the investment **archive** at the library.

A: 투자에 대한 정보는 어디서 찾아야 할까?
B: 도서관에서 투자 자료실을 가봐.

A: I remember a lot of **trivia** I have heard over the years.

B: Maybe you should try to be a contestant on a game show.

A: 지난 여러해 동안 들은 토막 상식을 많이 알고 있어.
B: 게임 쇼에서 하는 콘테스트에 나가보렴.

A: Is this restaurant expensive?

B: Yes it is. Why do you ask?

A: I noticed they have **valet** parking.

B: Yes, they try to please their customers with good service.

A: 이 식당 비싸지?
B: 응 비싸. 왜 그런 걸 묻는데?
A: 주차를 대신 해주는 게 보여서.
B: 맞아, 이 식당에서는 고객들을 만족시키려고 훌륭한 서비스를 제공하고 있어.

01

02

03

04

05

06

07

08

09

10

50

물 건너온 단어들

외래어는 본토 발음을 살려 주세요

우리말에 한자어가 있는 것처럼 영어에도 라틴어, 프랑스어, 이태리어 및 스페인어 등에서 차용한 단어들이 있습니다. 그 중 일부는 영어식으로 발음이 변질되기도 했지만, 그래도 그 뿌리만은 속일 수 없는 법이죠. 일단 철자부터 범상치 않은데다 억양 등 어디선가 꼭 티가 난다니깐요. 영어는 영어답게, 물건너온 단어들은 물건너온 단어답게! 각자의 억양을 살려 발음하는 것이 우아한 영어구사의 비결입니다.

▶ 라틴산(産)

vice versa [váis-və́:rsə] 반대로
bona fide [bóunə-fáid] 선의   status quo [stéits-kwóu] 현황
ad hoc [æd-hák] 임시의   cum laude [kʌm-lɔ́:di] 우등으로

▶ 프랑스산(産)

deja vu [dèʒɑː-vjú:] 전에 봤던 것 같음, 기시감
voyeur [vwɑ:jə́:r] 훔쳐보는 사람

▶ 이태리산(産) & 스페인산(産)

maestro [máistrou] 뛰어난 지휘자
virtuoso [və̀:rtʃuóusou] 음악의 대가
paparazzi [pɑ:pərɑ́:tsi] 파파라치

▶ 기타

Autobahn [áutɔbàːn] 아우토반   geisha [géiʃə] 기생
avatar [æ̀vətɑ́:r] 화신, 구체화   nirvana [niərvɑ́:nə] 열반

slow – normal – fast의 속도로 3번 녹음되어 있습니다.

☐ be fed up with the paparazzi

☐ Etc. is the abbreviation for et cetera.

☐ Adios amigo

☐ A Voyeur enjoys watching others.

☐ drive on the Autobahn in Germany

☐ A prima donna is the leading female singer.

⏵ LISTENING & REPEAT   **Ⓑ 문장에서 들어보기**

☐ On Valentine's Day in the US, boys give girls chocolate, and **vice versa.**
미국에서는 밸런타인 데이에 남자가 여자에게, 여자가 남자에게 초콜렛을 준다.

☐ I had a feeling of **deja-vu** while travelling. It seemed like I had been there before.
여행하는 동안 기시감이 들었어. 전에 가본 적이 있는 것 같았다구.

☐ My grade point average allowed me to graduate **cum laude.**
난 평점이 좋아서 우등으로 졸업할 수 있었다.

A: Many Internet companies went out of business this year.

B: It must be risky to be an entrepreneur.

A: 올해 파산한 인터넷 기업들이 많아.
B: 기업가가 되려면 위험부담이 큰 것 같아.

A: His company made a large profit this year.

B: People say that he's now considered a bona fide success.

A: 그 사람 회사가 올해 낸 수익이 엄청나.
B: 사람들 말로, 그 사람은 이제 진정한 성공 사례로 꼽히고 있대.

A: There was a voyeur at the club last night.

B: Was he watching you, or someone else?

A: They caught him in the ceiling above the ladies' bathroom, spying on women.

A: 어젯밤 클럽에 몰래 훔쳐보던 사람이 있었어.
B: 너를 쳐다봤던 거야, 아니면 다른 사람?
A: 여자 화장실 위 천장에서 여자들을 살피고 있는 것을 사람들이 잡았대.

조금 느린 속도로 녹음되어 있습니다.

01

02

03

04

05

06

07

08

09

10

ANSWERS | 01 My neighbor is a bit of a voyeur.   02 I am getting deja vu.
03 Chris was simply fed up with the paparazzi. 04 accept resumes
05 wants to curry favor with his boss
06 A geisha is a woman highly trained in the arts of music, dance and entertaining.
07 Maestro is an honorific title of respect.
08 He's my amigo, and we hang out together a lot.
09 I use a Superman avatar when I post messages. 10 sent over one hundred resume

51 너무 익숙해서 독이 된 단어들

한국식 발음만 아는 단어?

우리말화된 영단어들도 참 많습니다. 그런데 이런 단어들은 원음을 살리기보다는 우리 편의에 맞춰 읽고 쓰는 경우가 많아, 영어로 대화를 하다가도 너무나도 친숙한 우리식 발음을 남발하기 십상입니다. 익숙해서 오히려 해가 되는 단어들의 발음을 정리해봅니다.

▶ Information Technology(정보기술) 분야

Internet [ínətnèt] 인터넷　　digital [dídʒitl] 디지털
mobile [móubəl] 모바일　　monitor [mɔ́nitər] 모니터

▶ 의류 및 음식에서

brassiere [brəzíər] 브라　　　　lingerie [lɑ:ndʒəréi] 란제리
orange [ɔ́(:)rindʒ] 오렌지　　　　pizza [pí:tsə] 피자
sherbet [ʃə́:rbit] 샤베트　　　　spaghetti [spəgéti] 스파게티
skirt [skə:rt] 스커트　　　　　　tomato [təméitou] 토마토
accessory [əksésəri] 악세사리　　caramel [kǽrəmel] 카라멜
buffet [búfei] 부페

▶ 기타

allergy [ǽlərdʒi] 앨러지　　battery [bǽtəri] 밧데리
cholesterol [kəléstəroul] 콜레스테롤
genome [dʒí:noum] 지놈　　leisure [lí:ʒər] 레져
porn(o) [pɔ́:rn(ou)] 포르노　sauna [sɔ́:nə] 사우나
opera [ápərə] 오페라　　　theme [θí:m] 테마
cameo [kǽmiòu] 우정출연　erotic [irɔ́tik] 에로틱

slow – normal – fast의 속도로 3번 녹음되어 있습니다.

☐ theme park

☐ the Phantom of the Opera

☐ digital marketing

☐ monitor my periods

☐ for the battery to wear out

☐ ate all of the spaghetti

☐ be allergic to smoke

☐ Living in the current century means living in a **digital** age.
21세기를 살아간다는 것은 디지털 시대를 살아가는 것이다.

☐ Please bring your food trays here before leaving **the cafeteria.**
식당을 나가기 전에 모든 음식 접시들을 이곳에 가져다 주십시오.

☐ He gave me **brassieres** on my birthday, but they're small for me.
그 사람이 내 생일에 브래지어를 선물해줬는데, 나한테 작아.

A: How can I access his web site?
B: You can use **the portal** on your Internet server.

A: 그 사람 웹사이트에 어떻게 접속하지?
B: 네 인터넷 서버 상의 포털 사이트를 이용해봐.

A: What did you buy your girlfriend for her birthday?
B: I bought her some sexy **lingerie.**

A: 여자친구 생일에 뭐 사줬어?
B: 섹시한 속옷을 사줬지.

A: Did you enjoy **the opera** last night?
B: Not really. It was a little boring.
A: Do you have a chance to see many operas?
B: Yes, my brother works for the box office.

A: 어젯밤에 오페라는 어땠니?
B: 별로. 약간 지루했어.
A: 오페라를 볼 수 있는 기회가 많니?
B: 응. 우리 오빠가 매표소에서 일하거든.

조금 느린 속도로 녹음되어 있습니다.

01

02

03

04

05

06

07

08

09

10

ANSWERS

01 chat on the Internet
02 took her out for a pizza
03 watch the porn
04 be allergic to strawberries
05 call it a cellular or a mobile phone

06 have a digital camera
07 look it up on the Internet
08 get a steak sandwich and a Coke?
09 finish the orange juice
10 I told you chocolate was delicious.